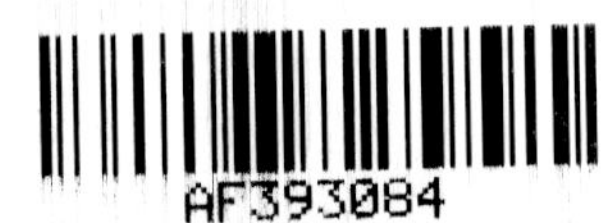

ESTE LIBRO PERTENECE A:

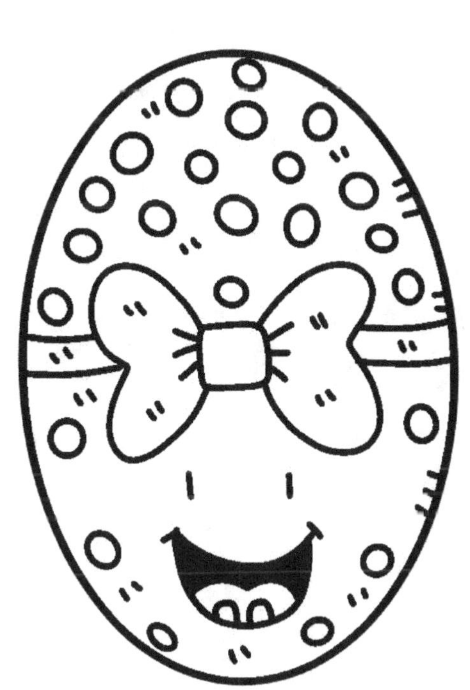

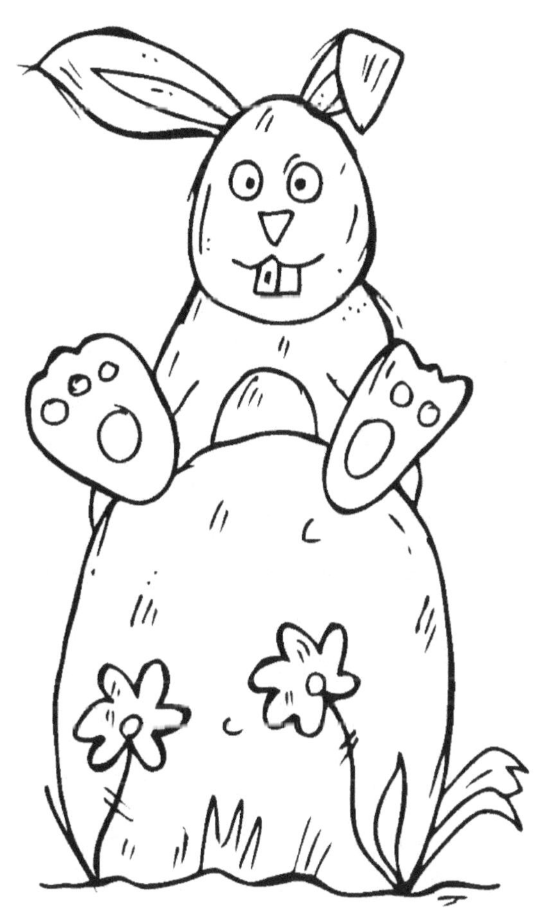

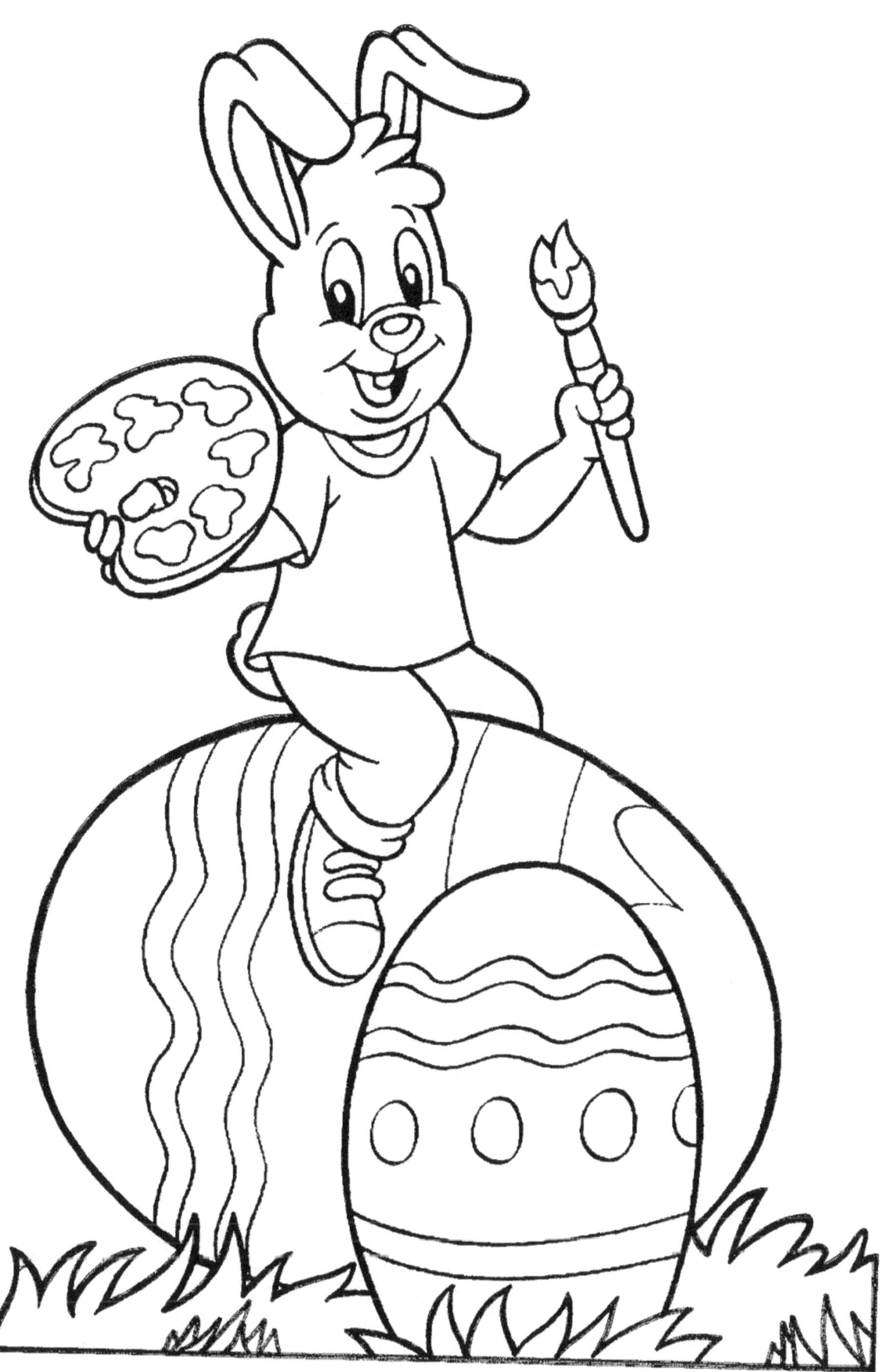

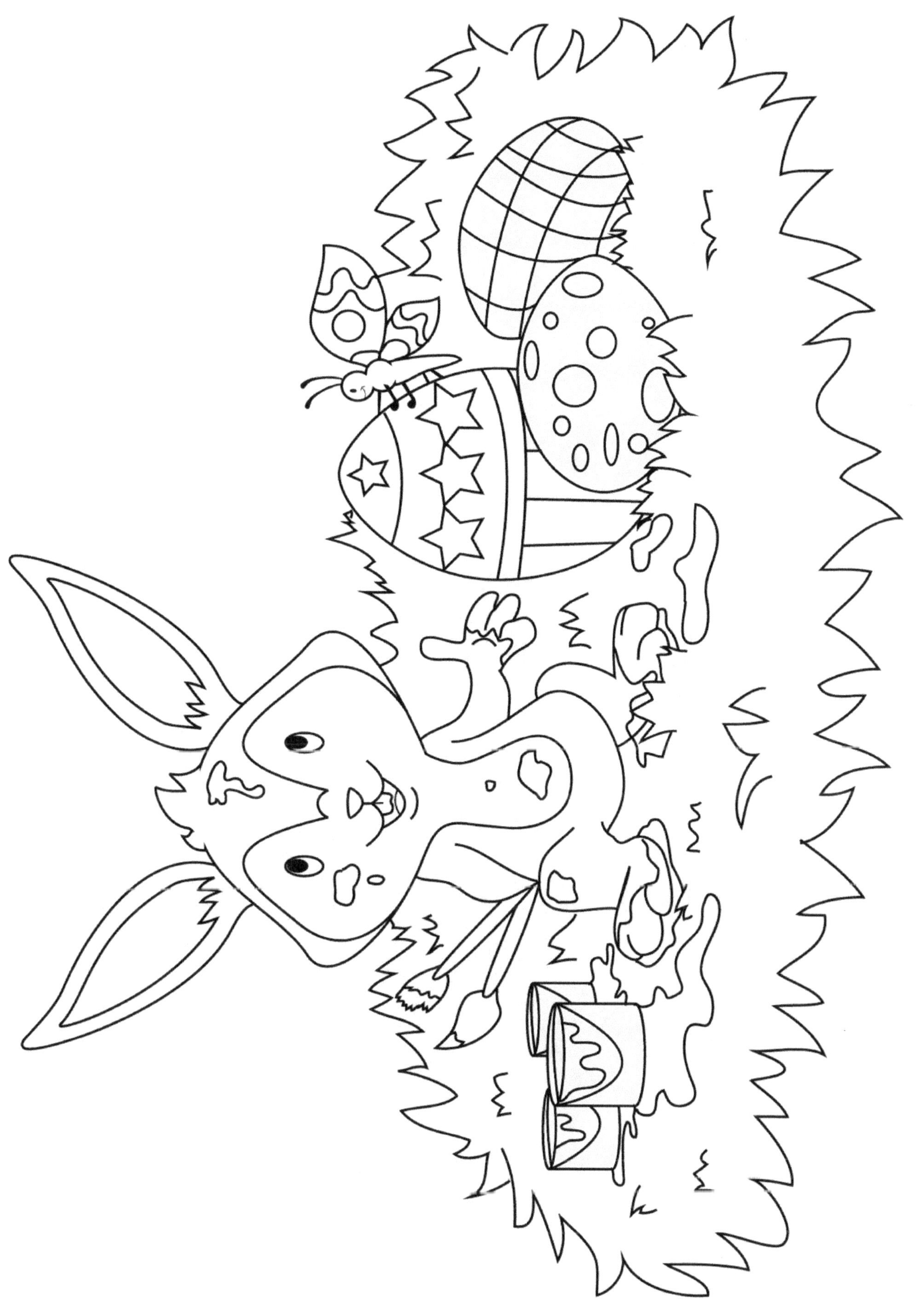

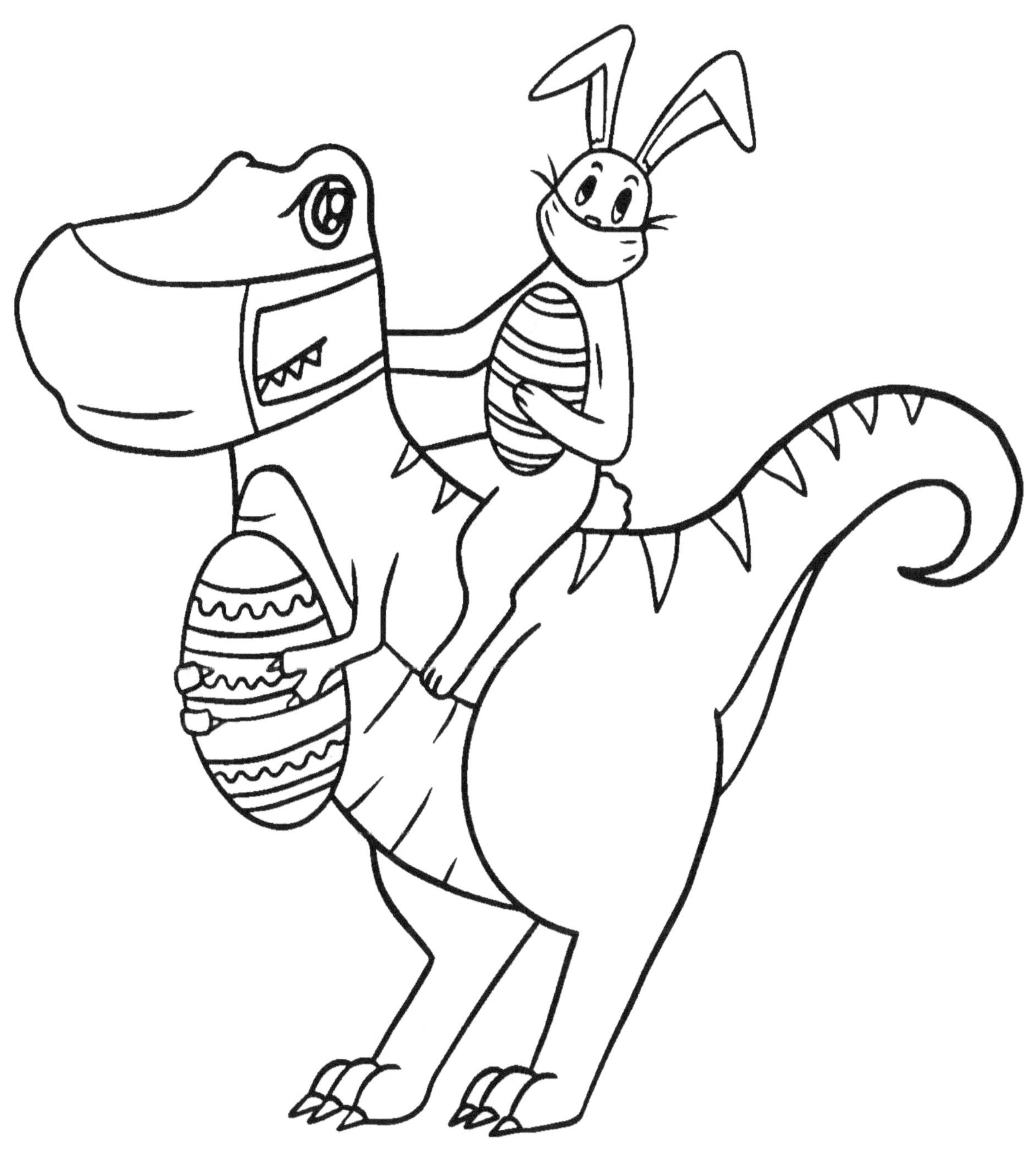

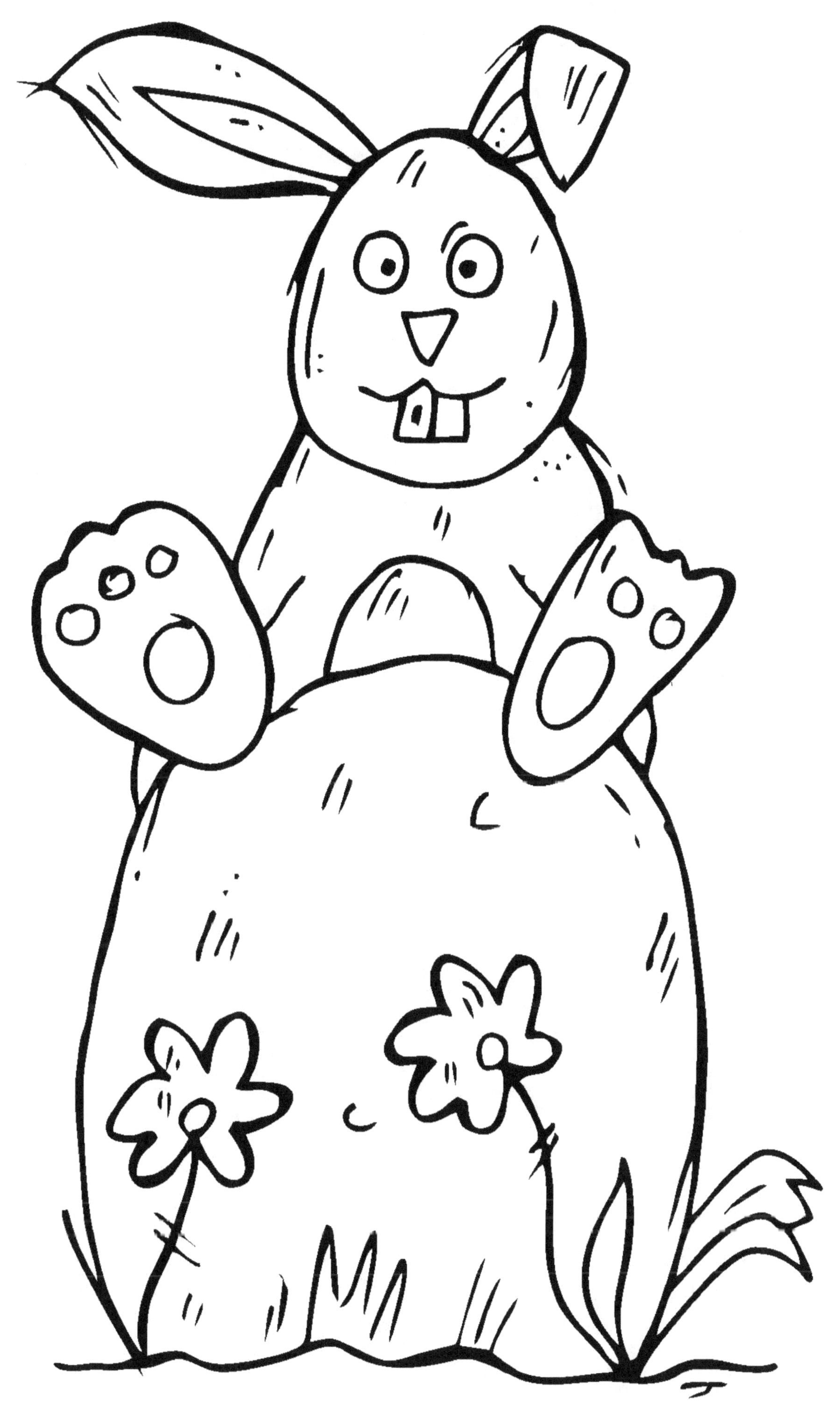

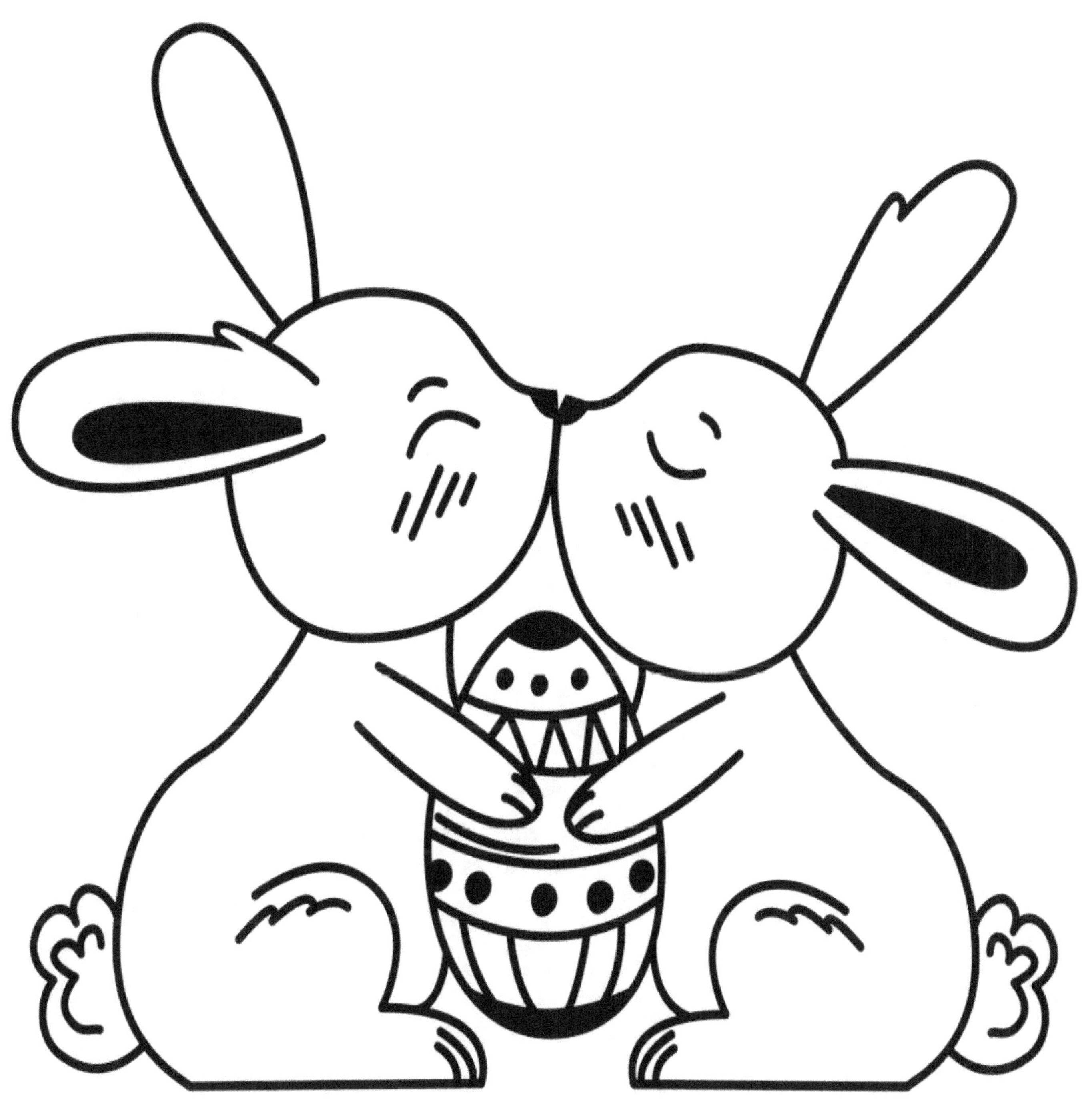

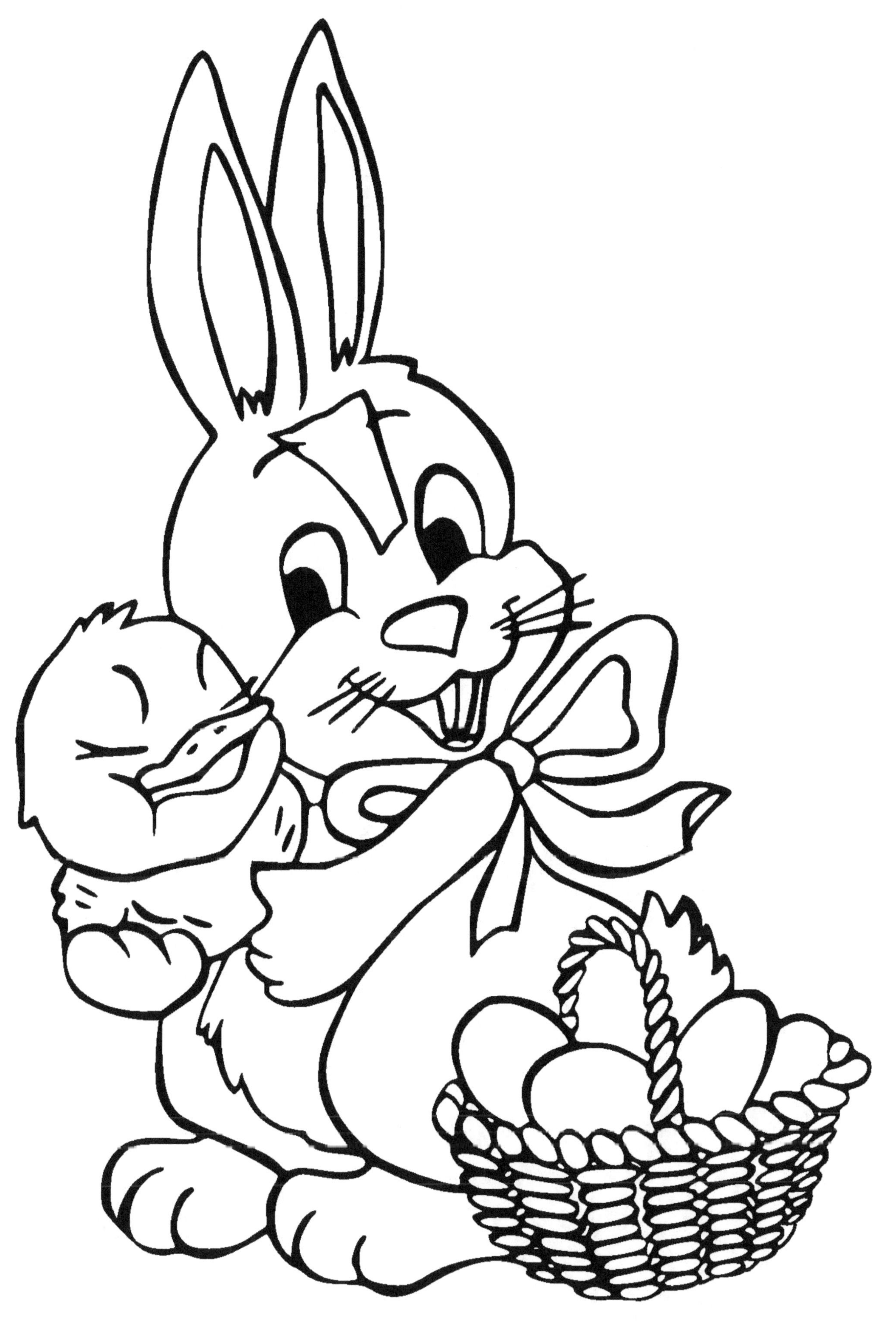

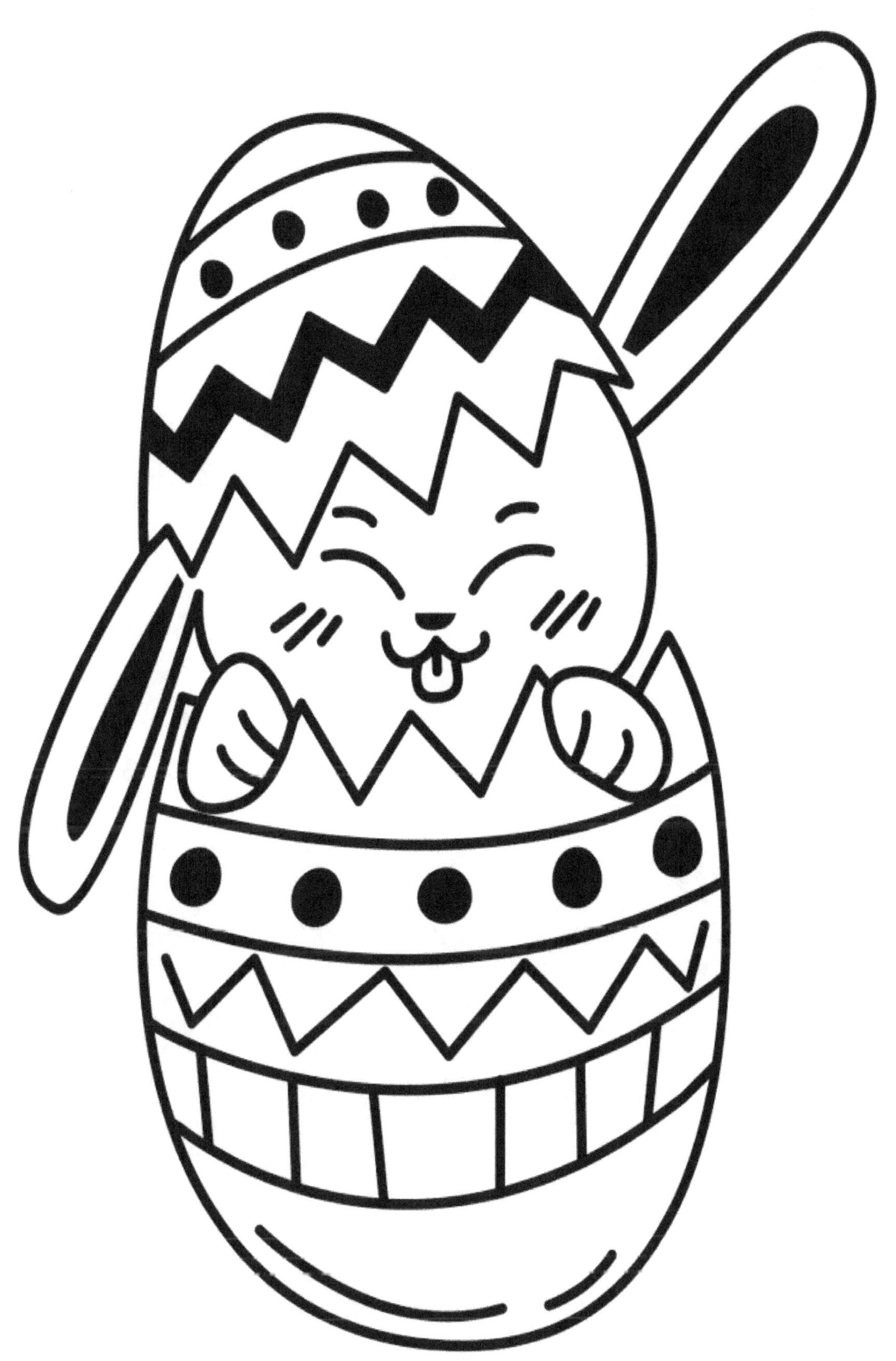

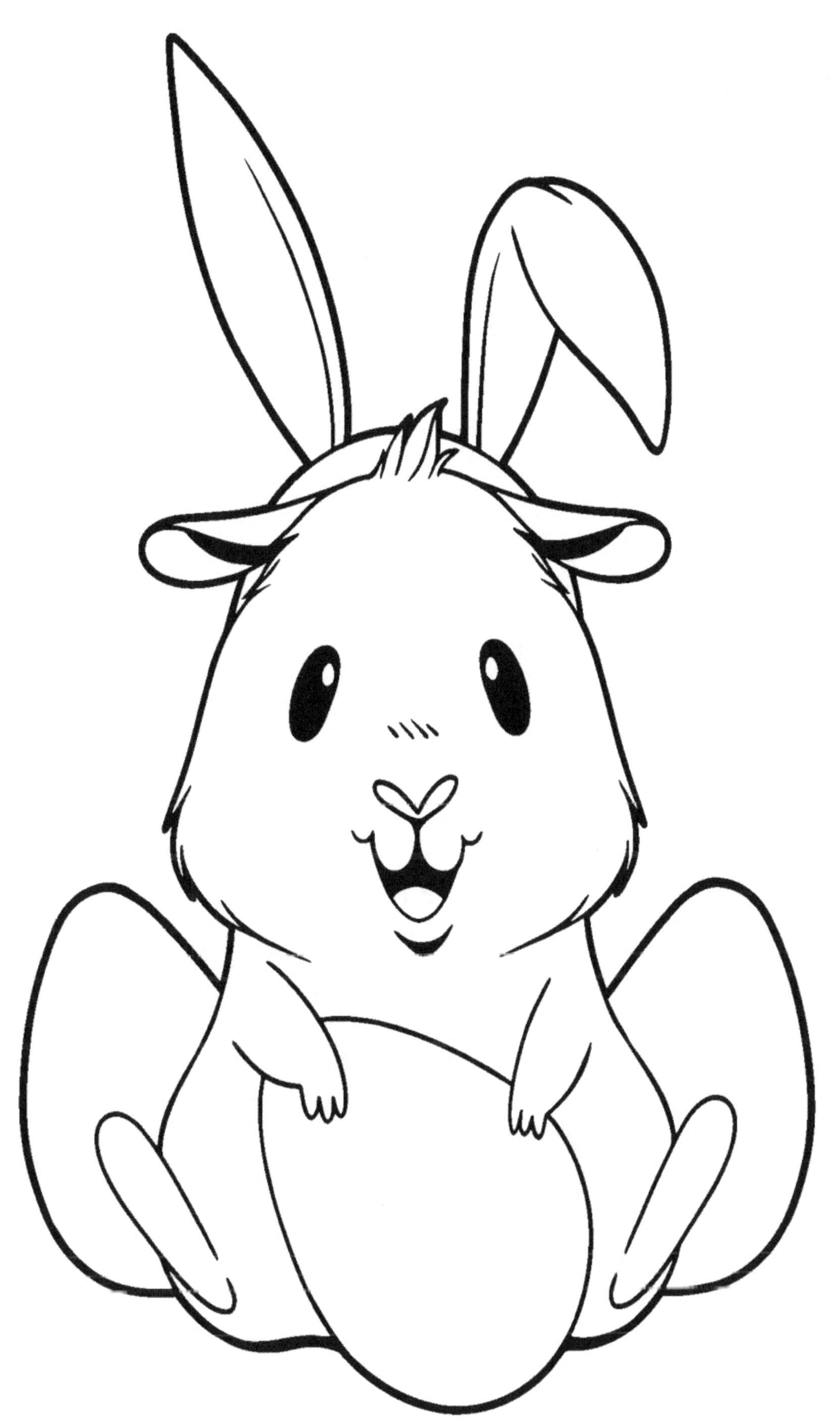

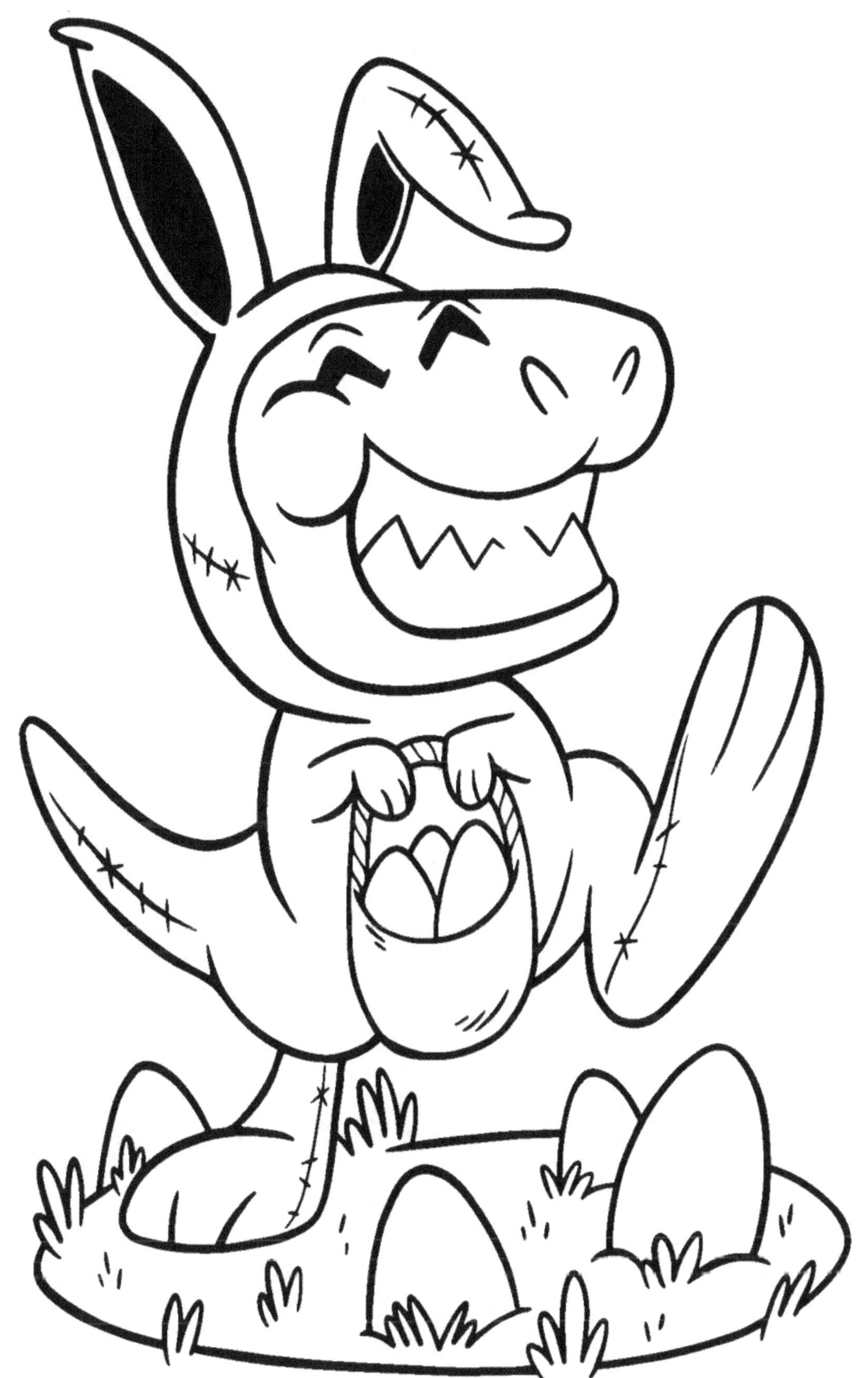

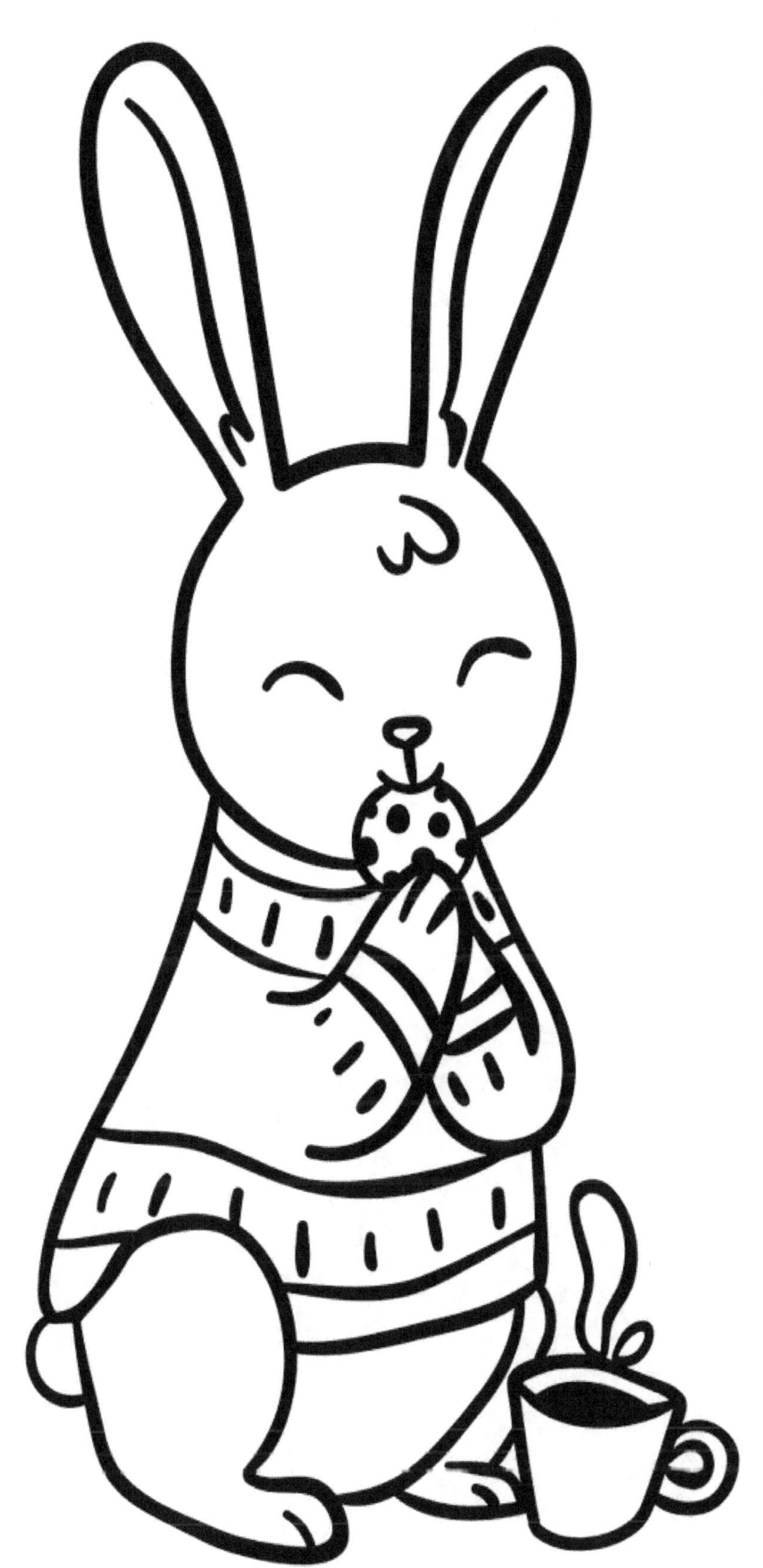

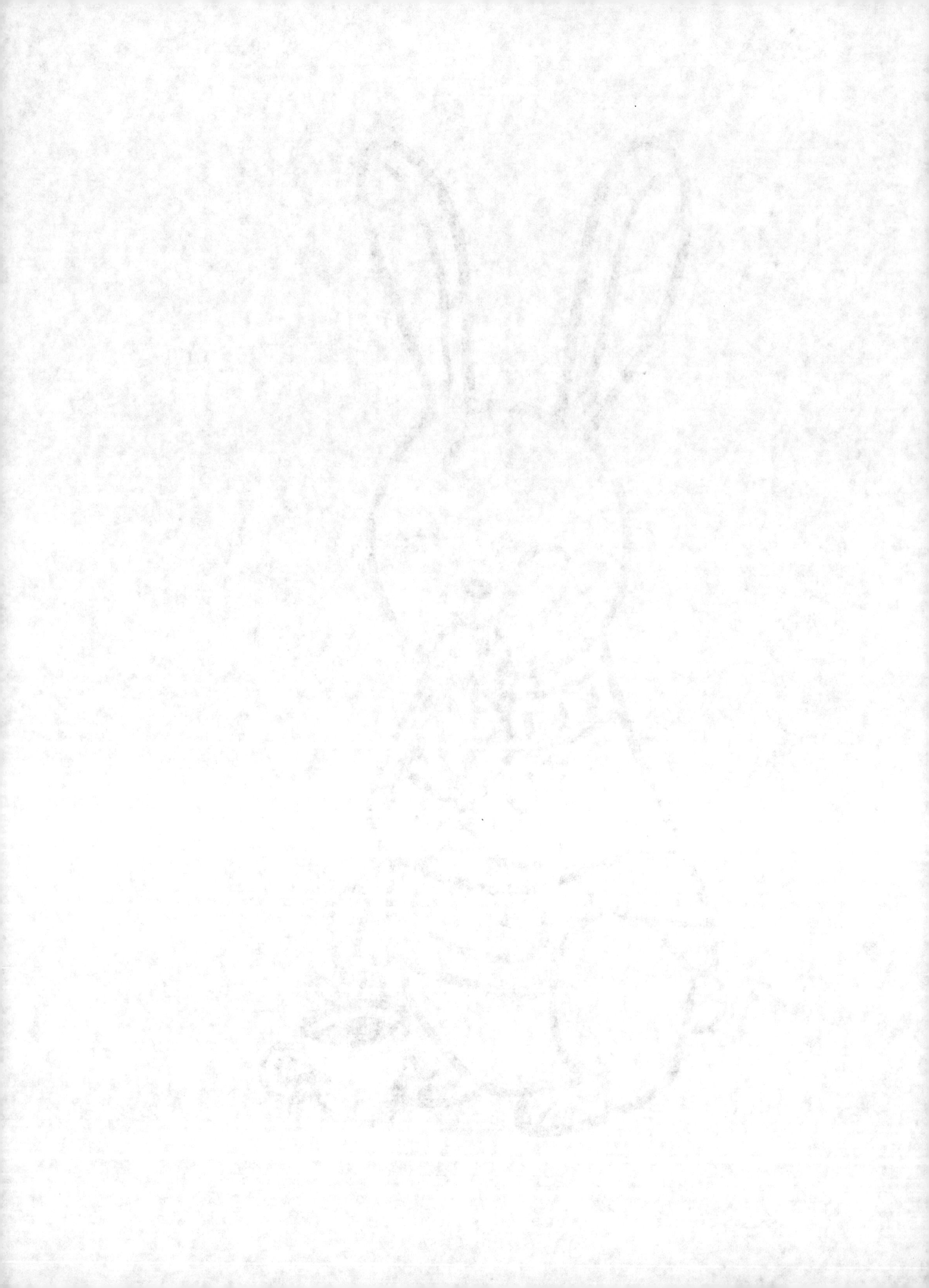

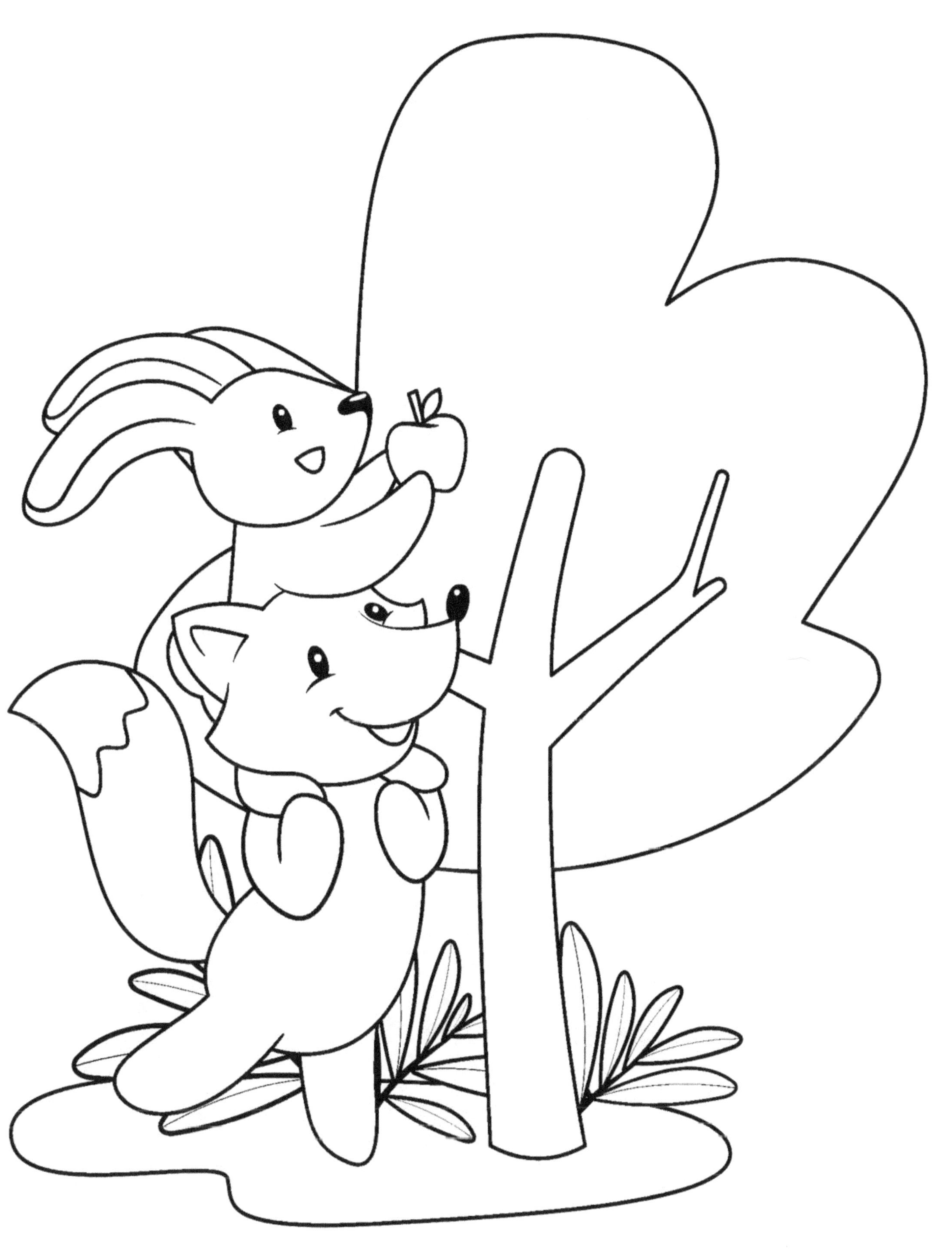

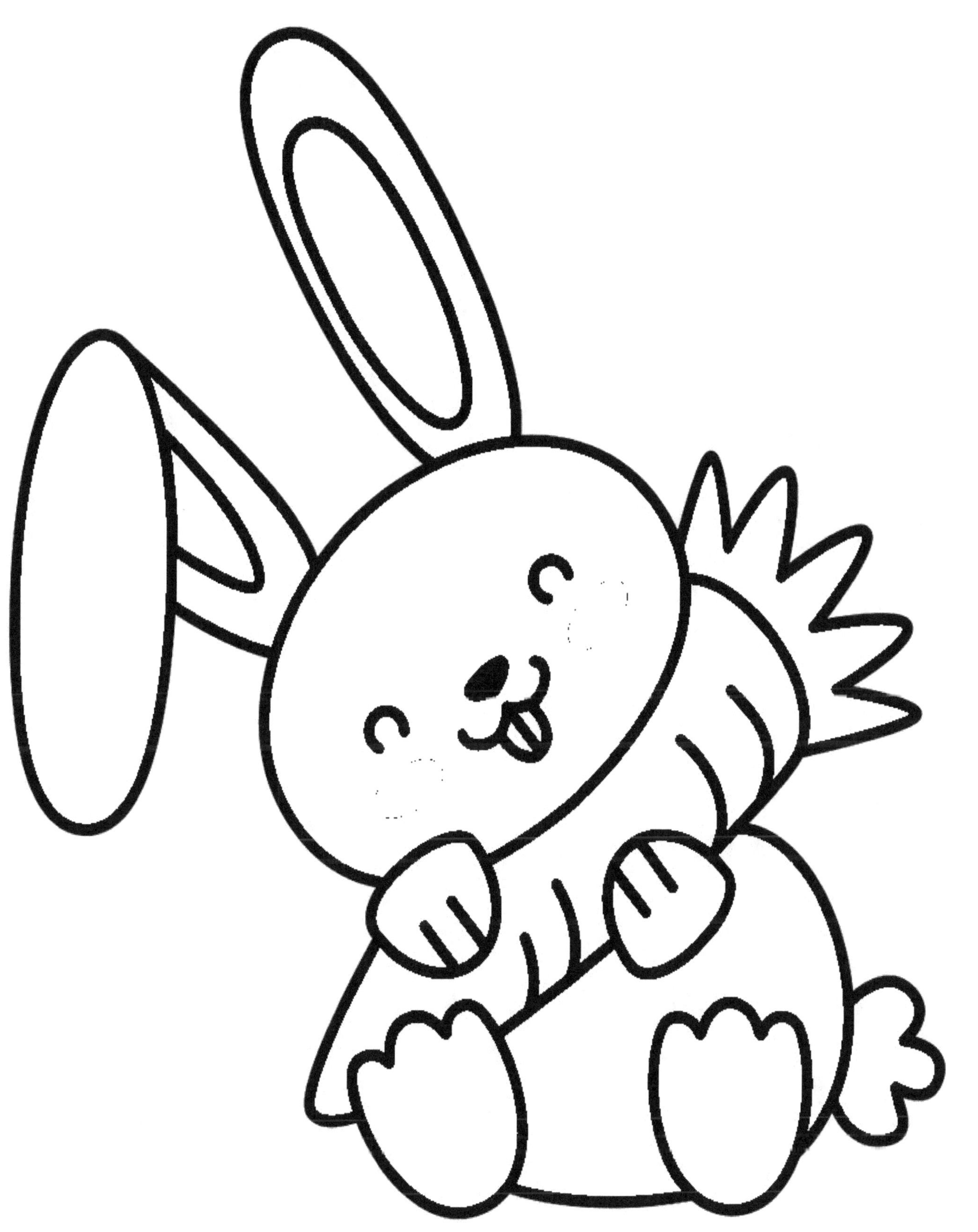

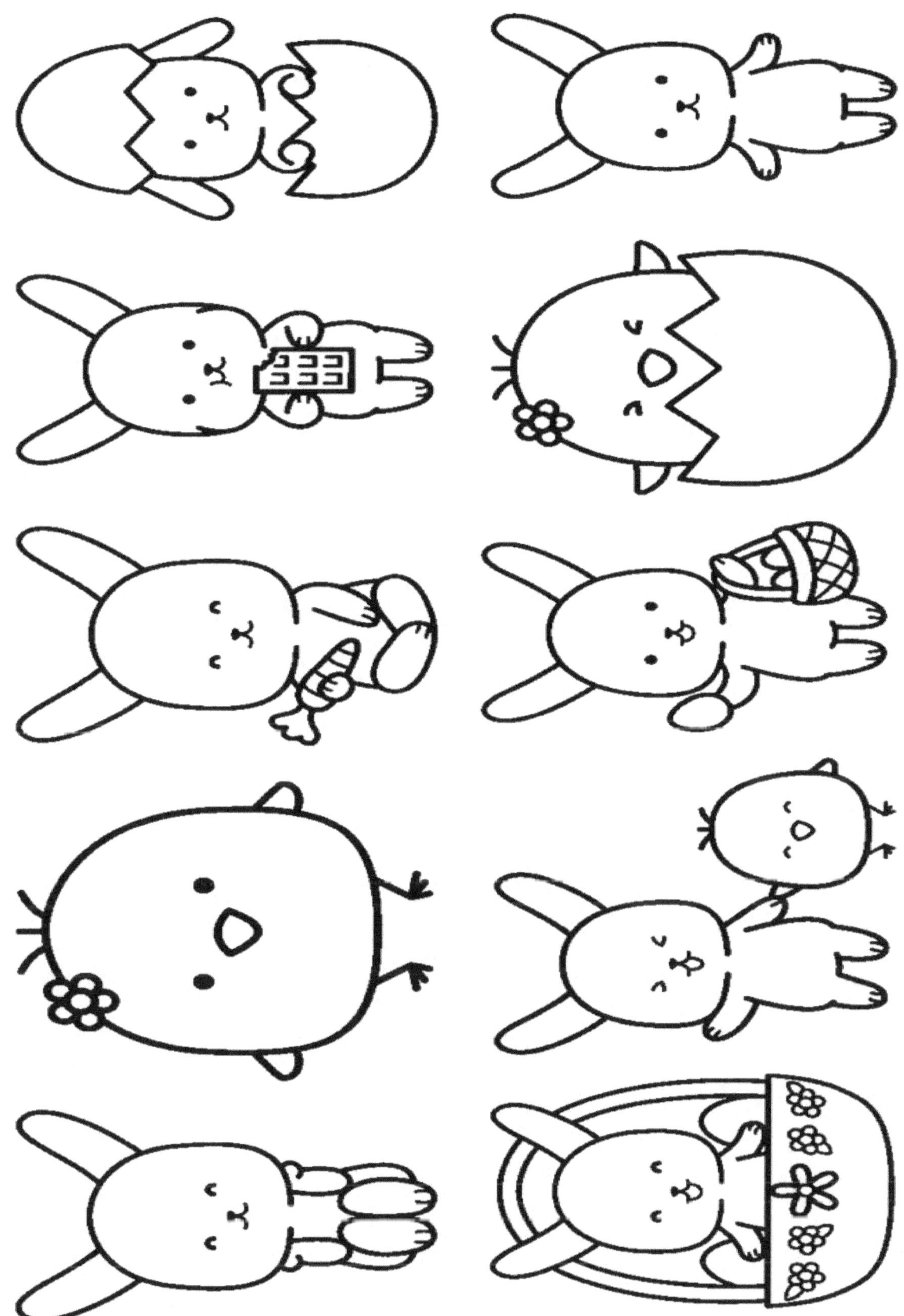

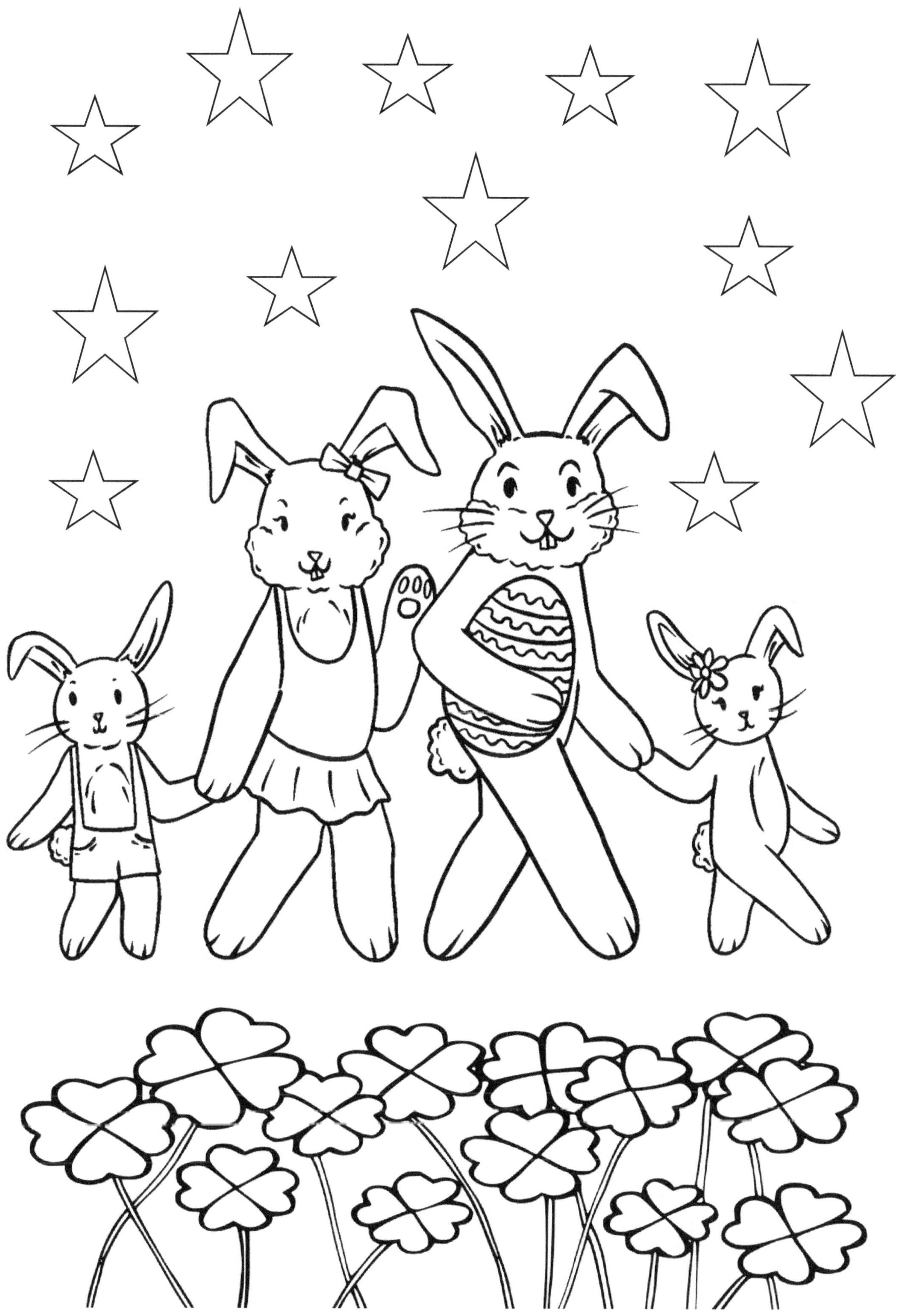

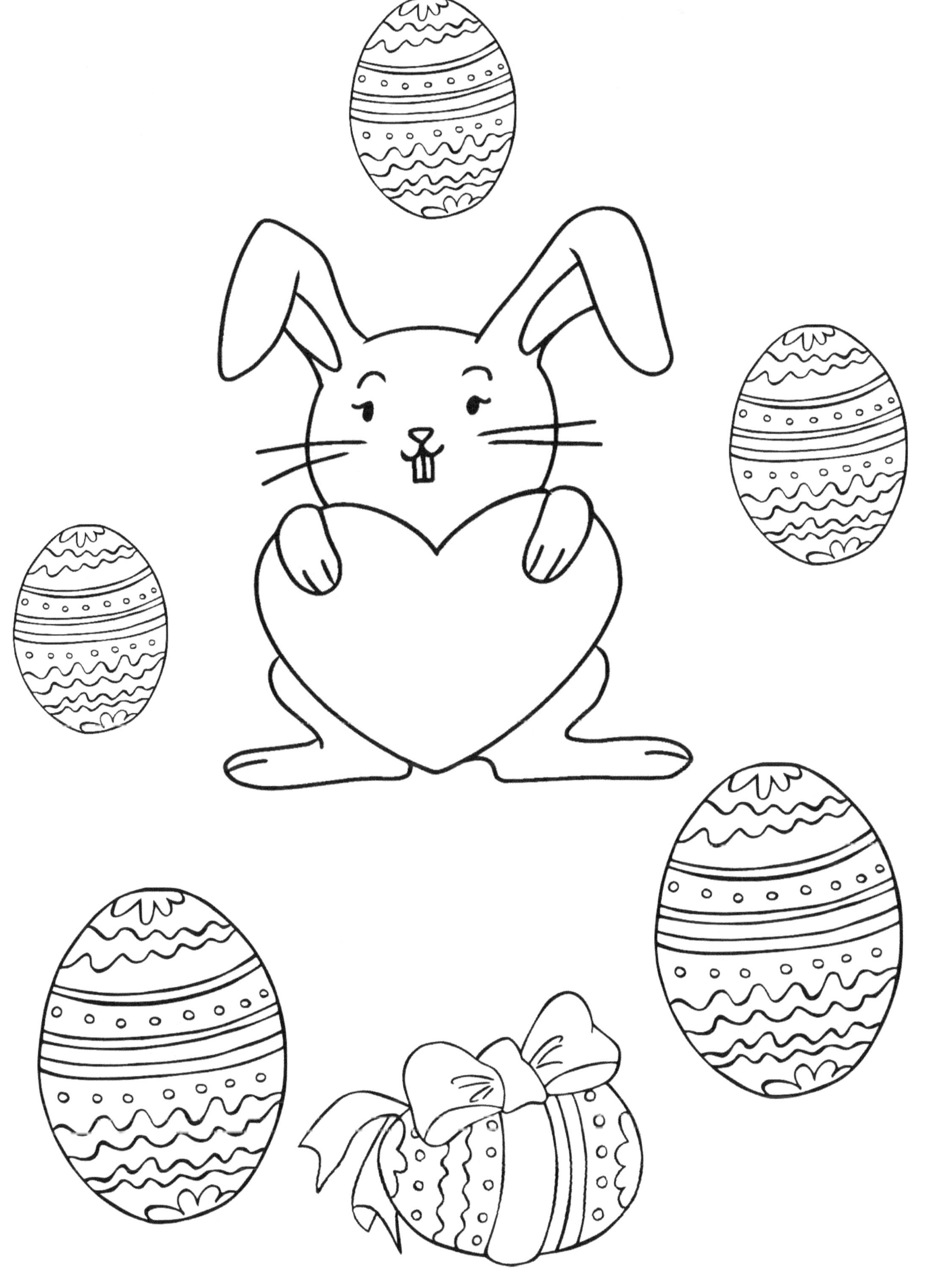

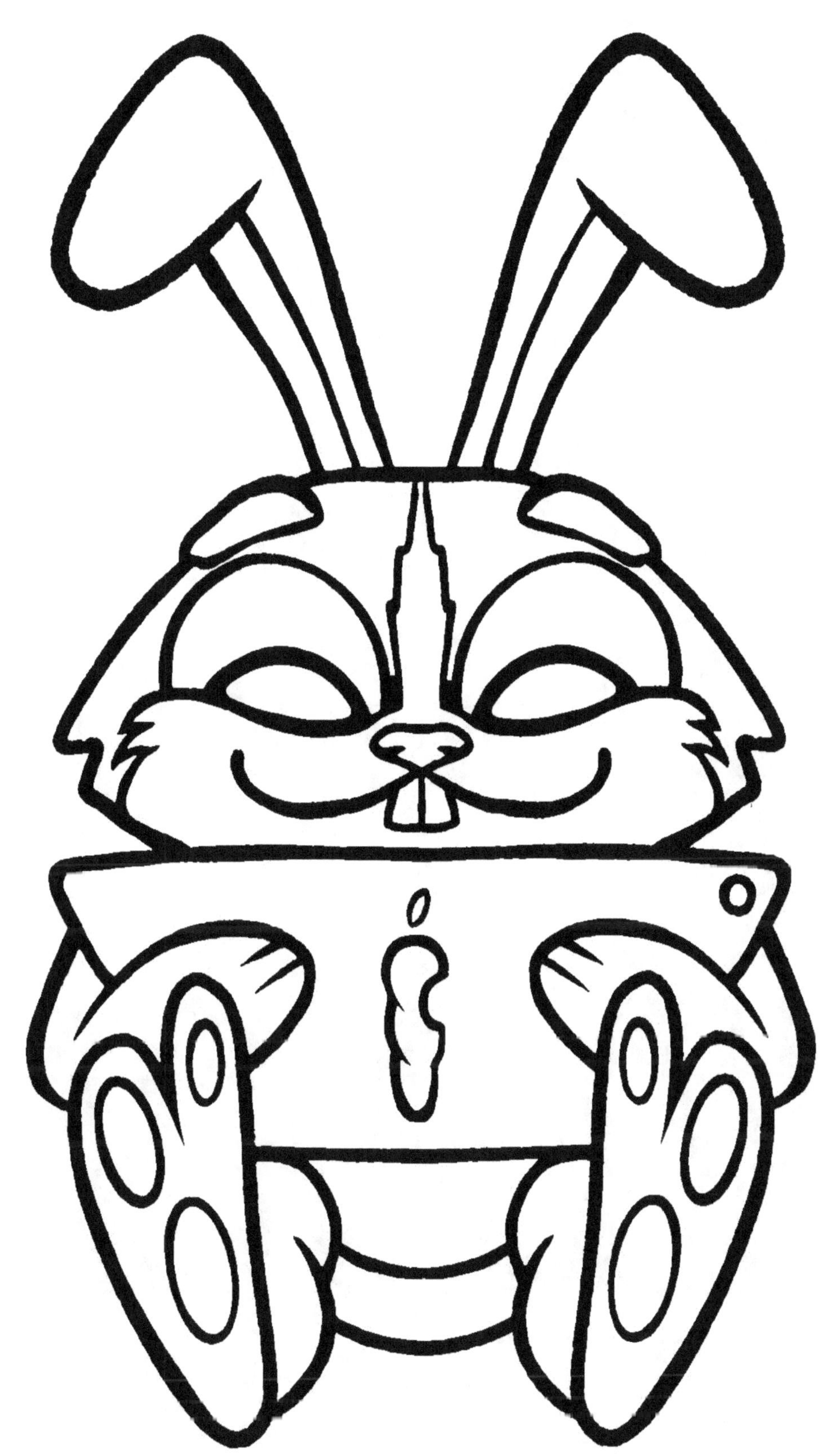

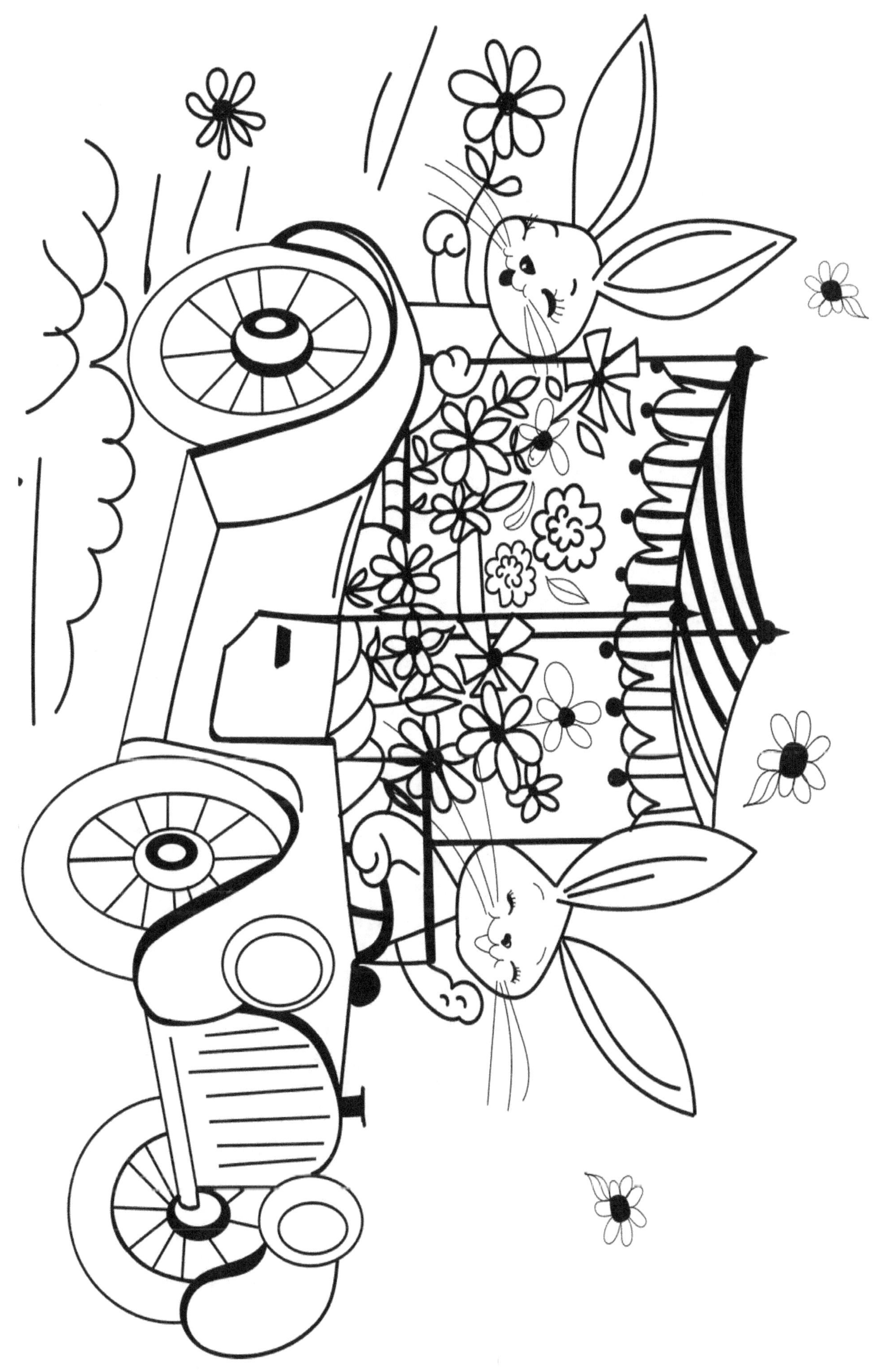

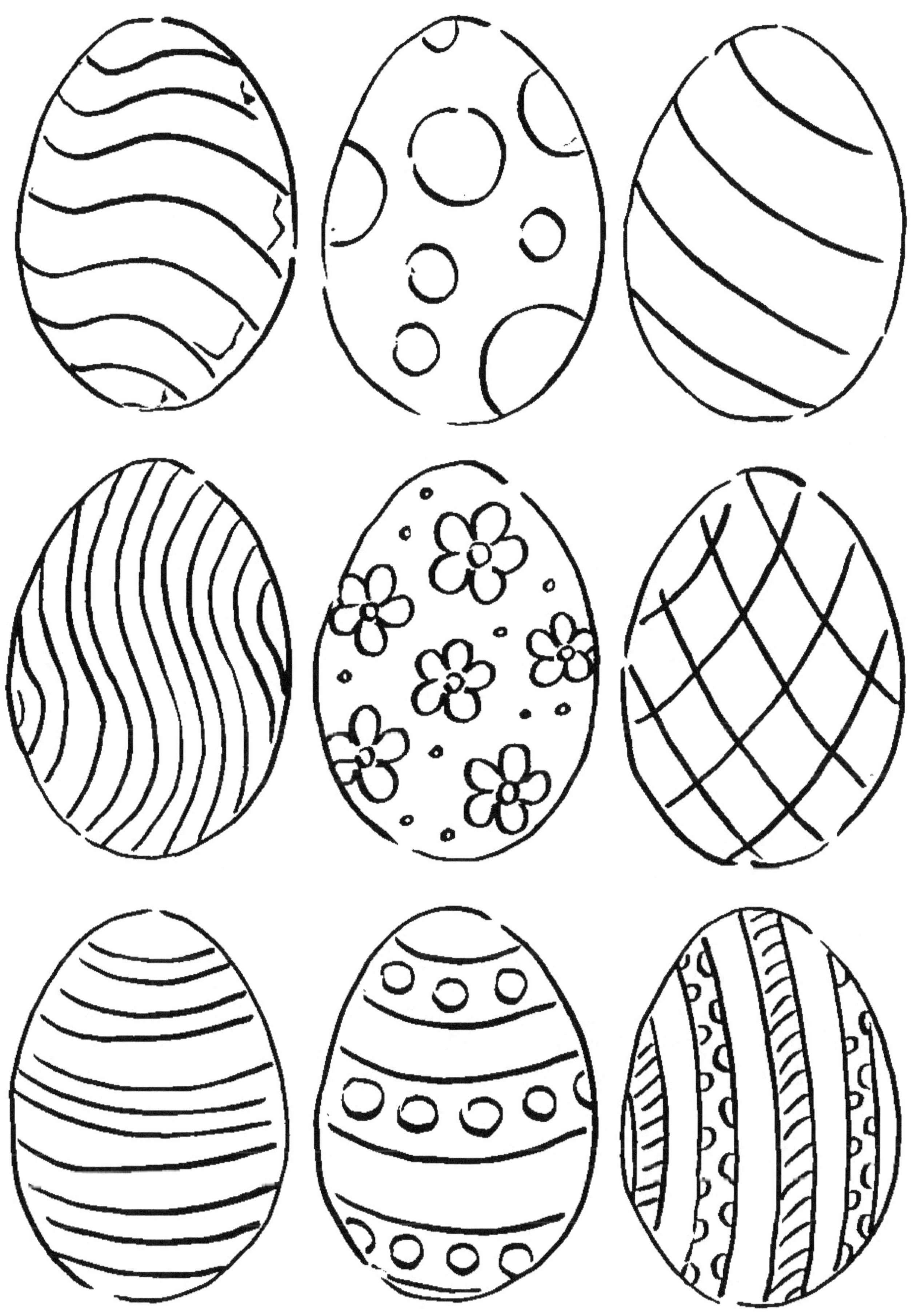

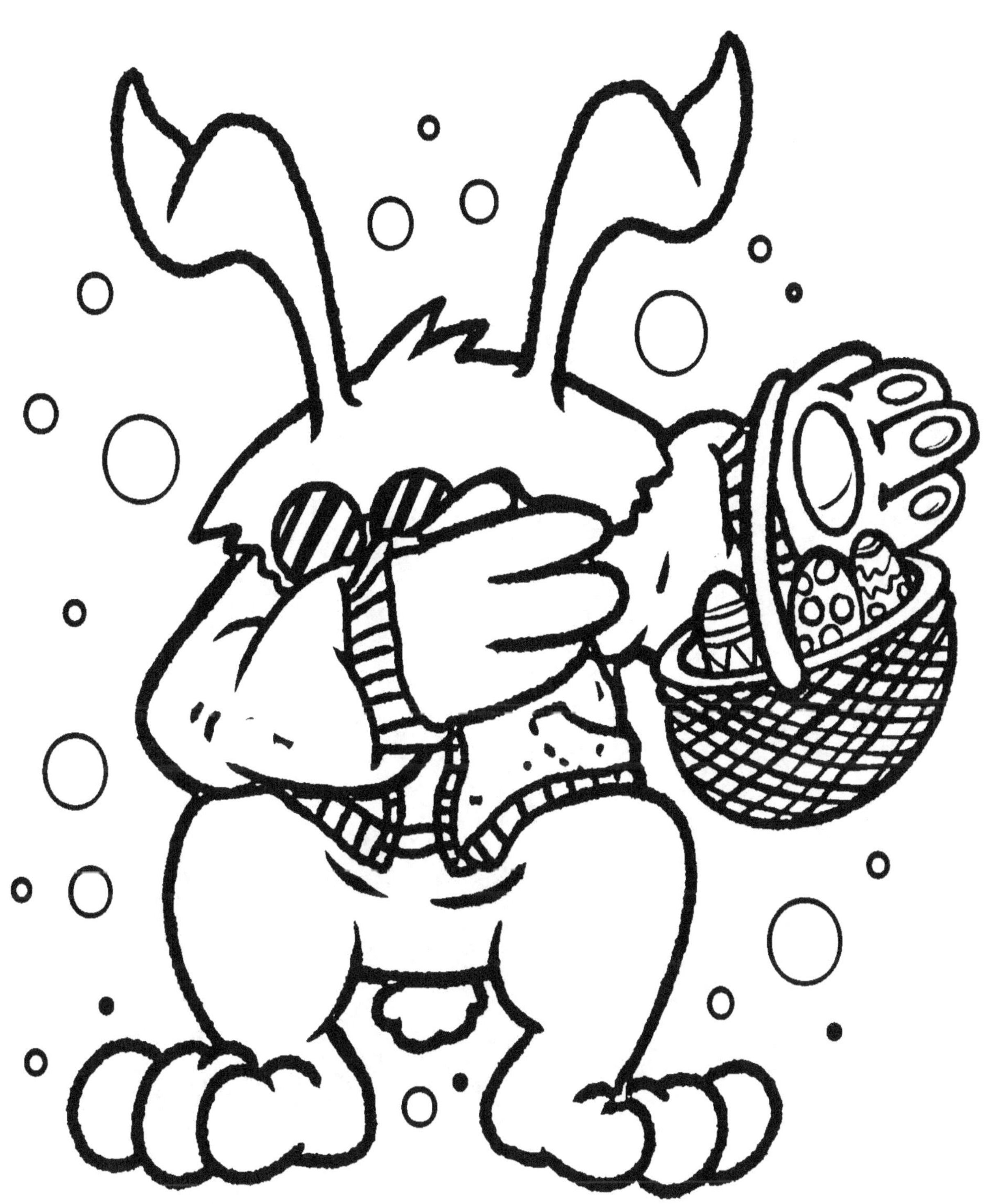

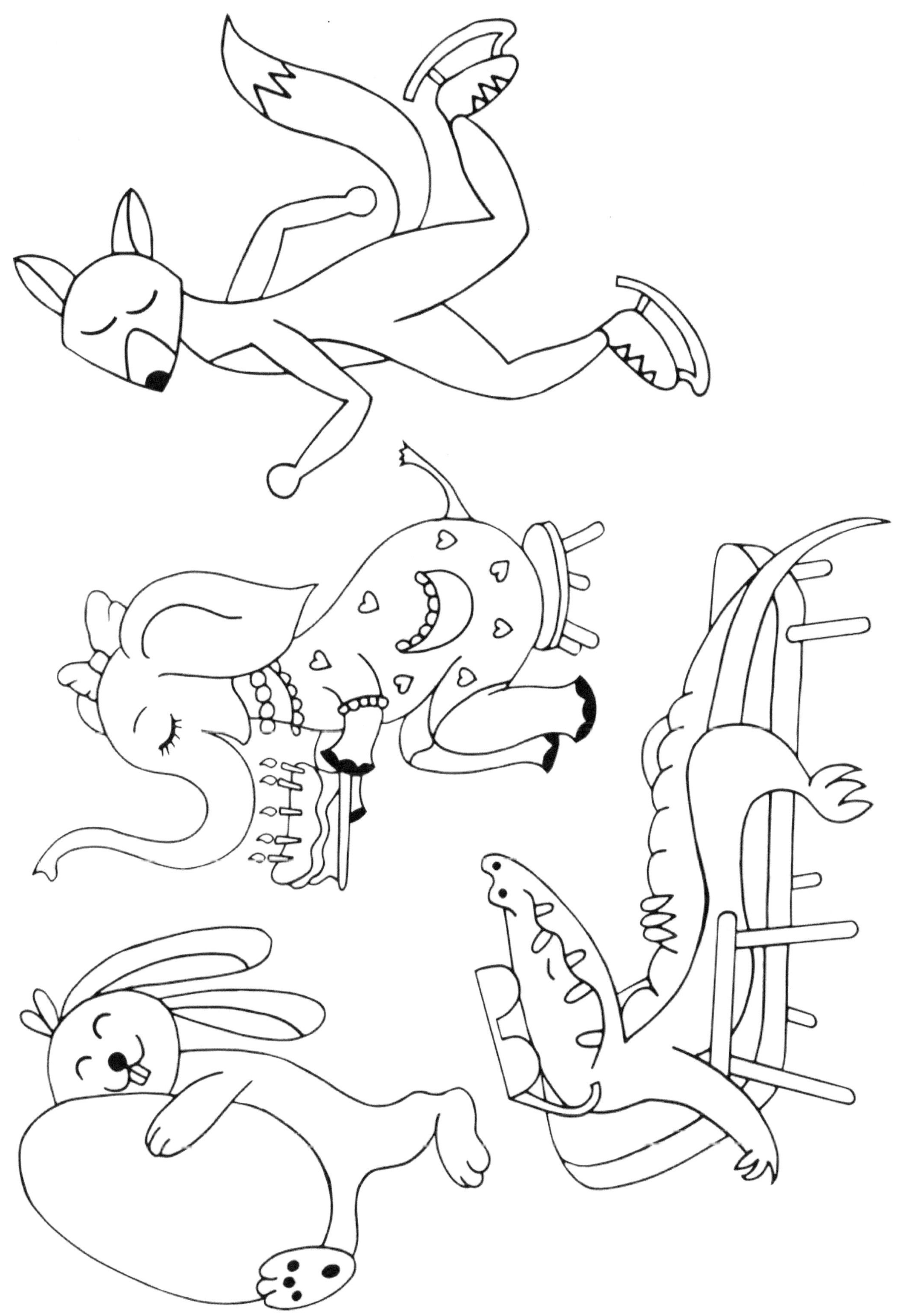

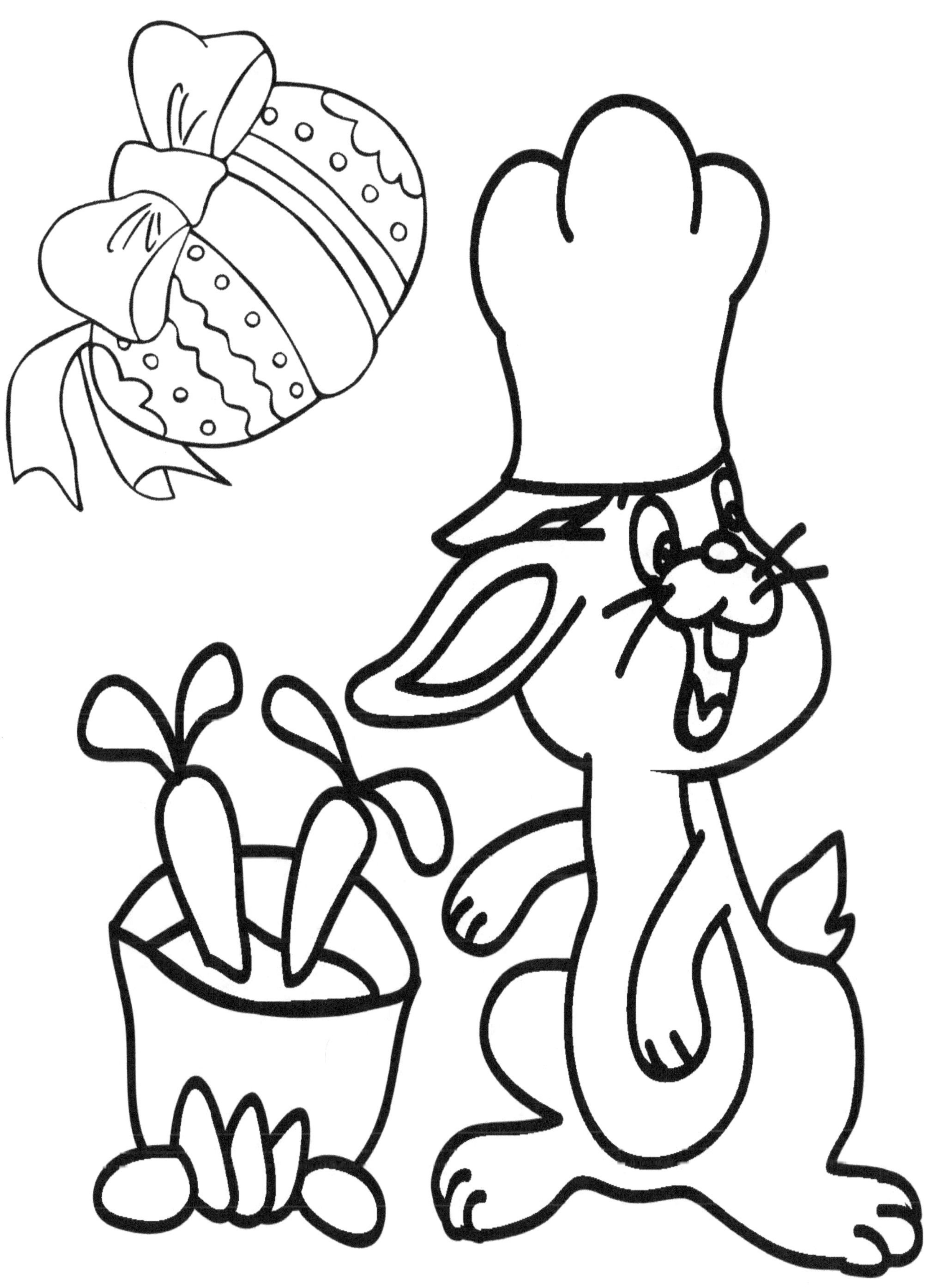

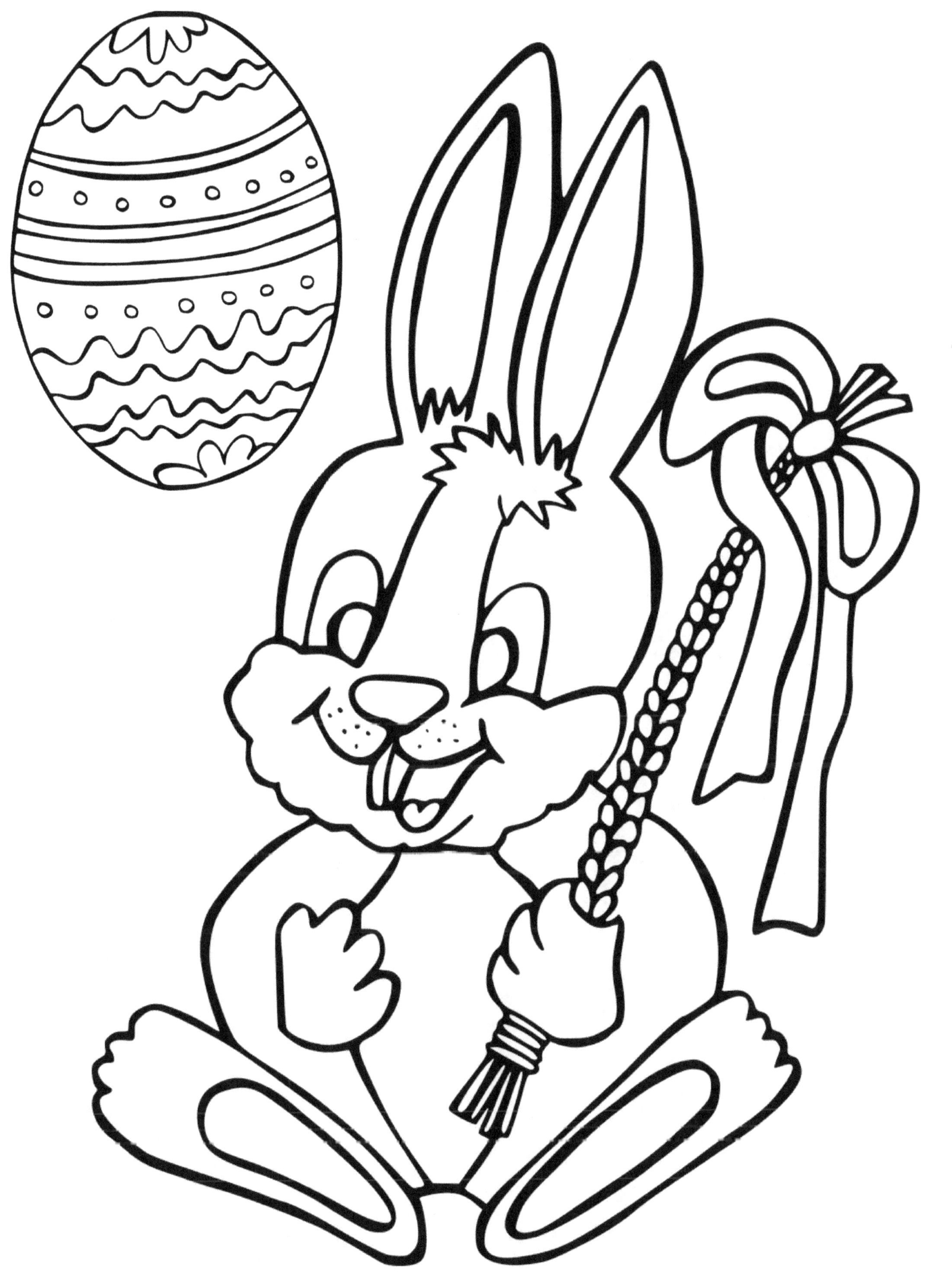

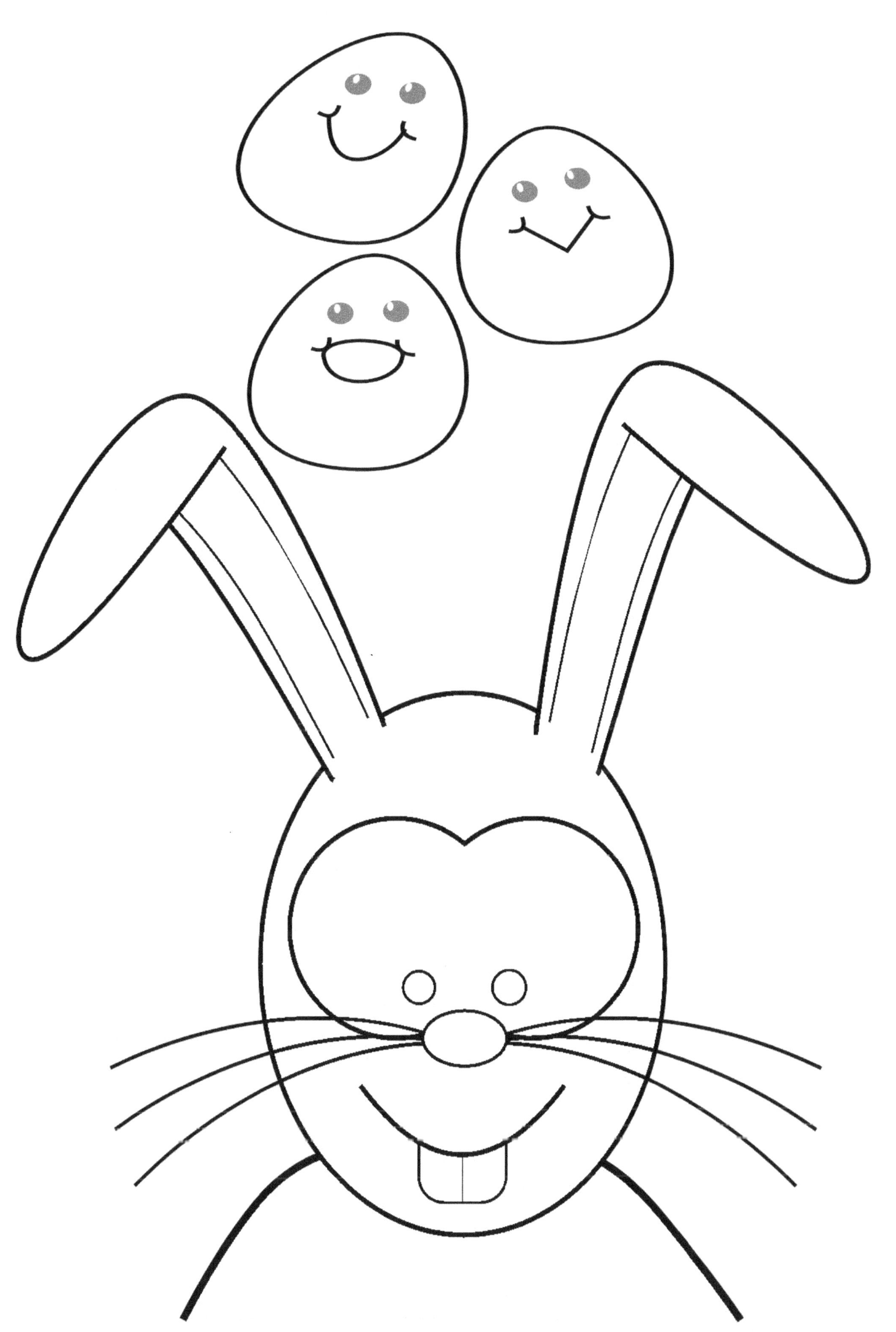

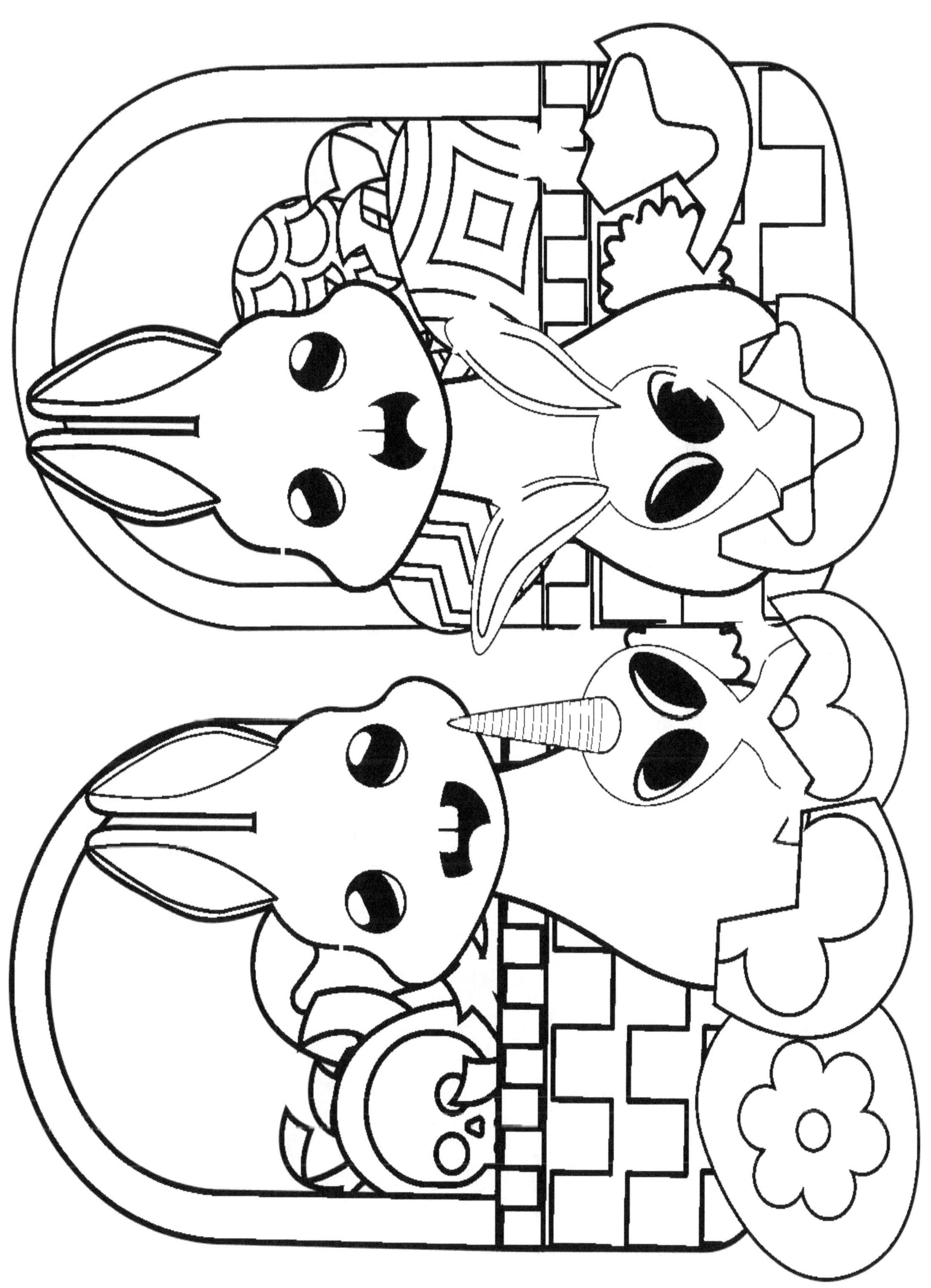

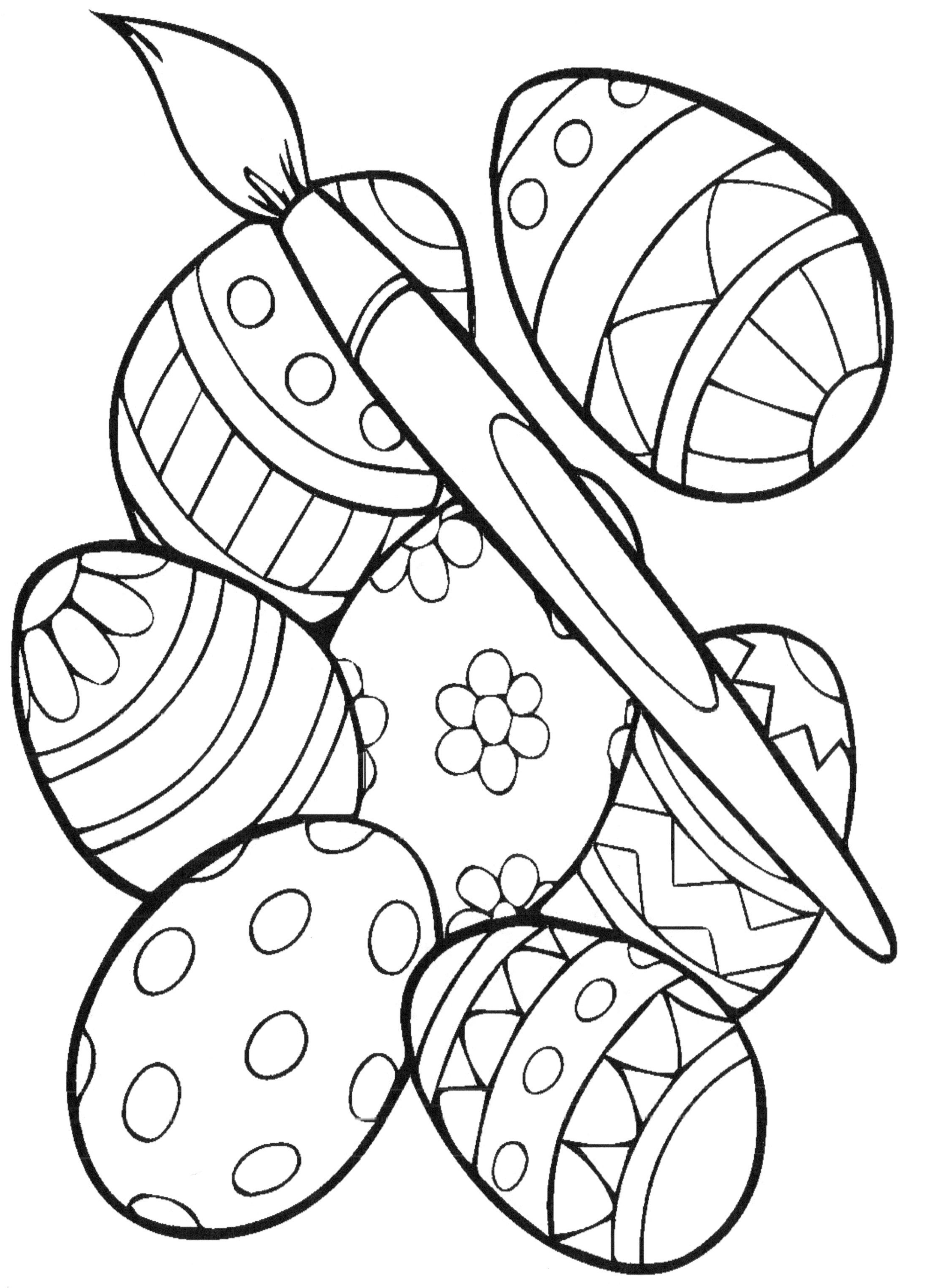

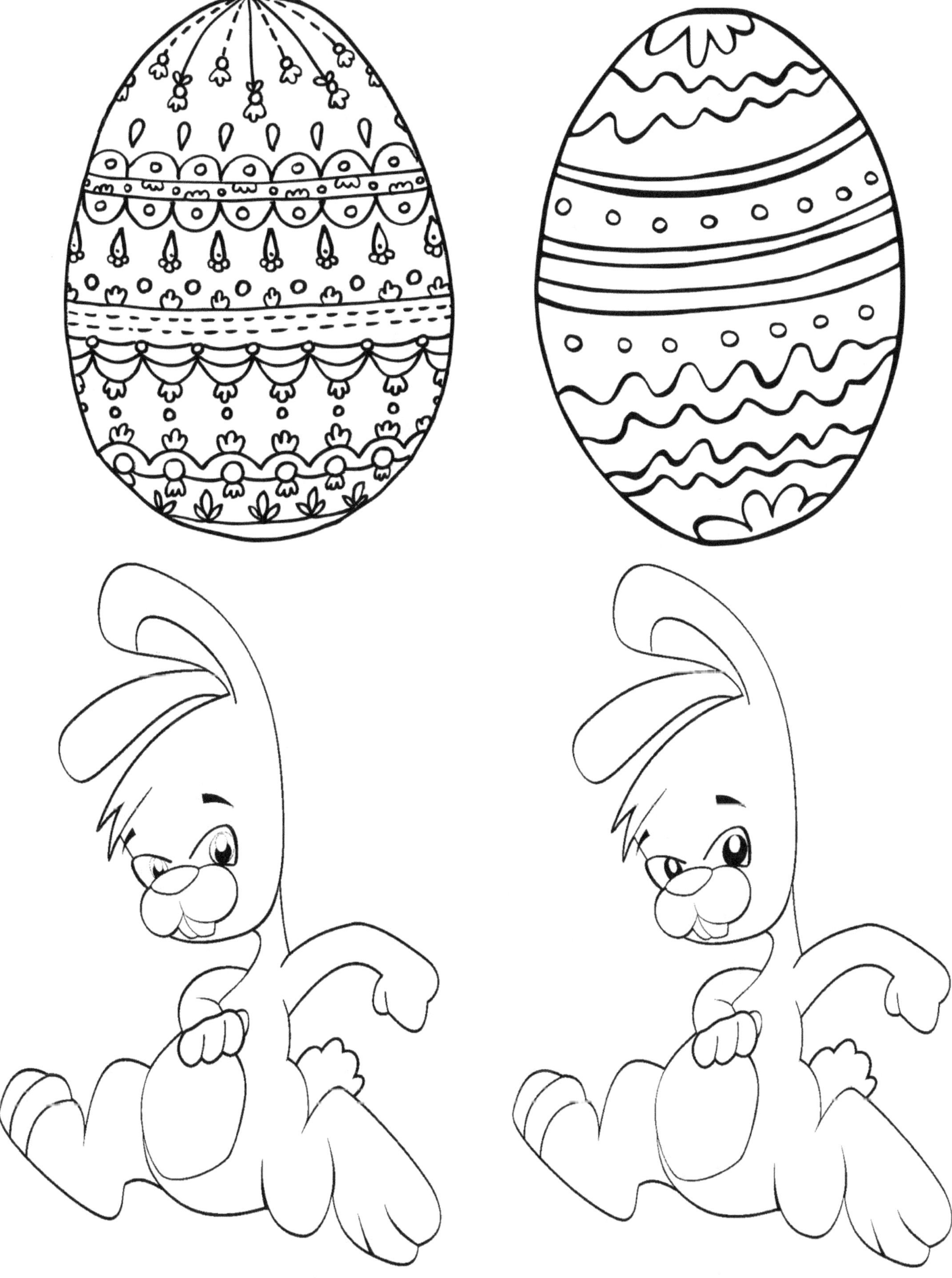

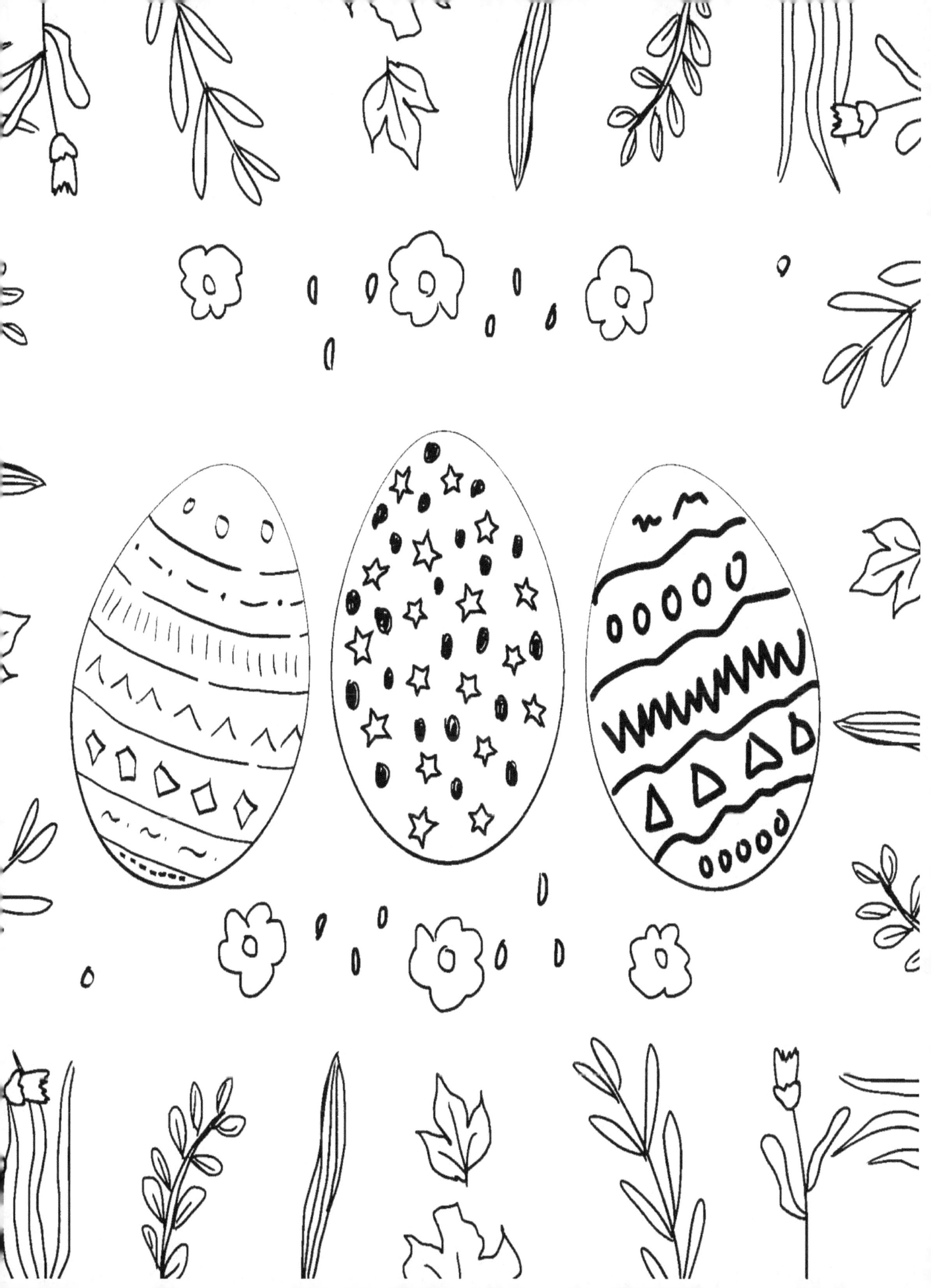

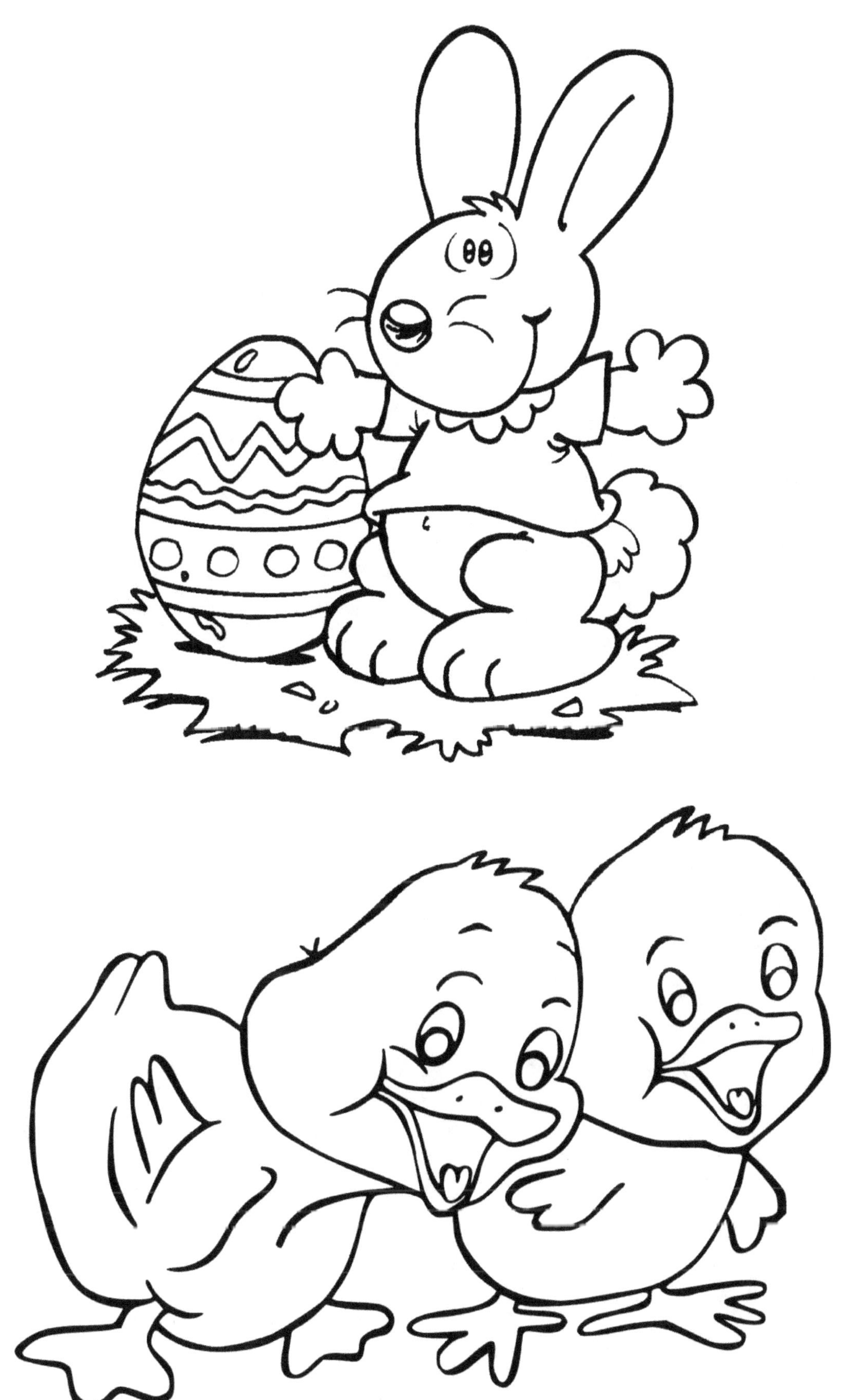

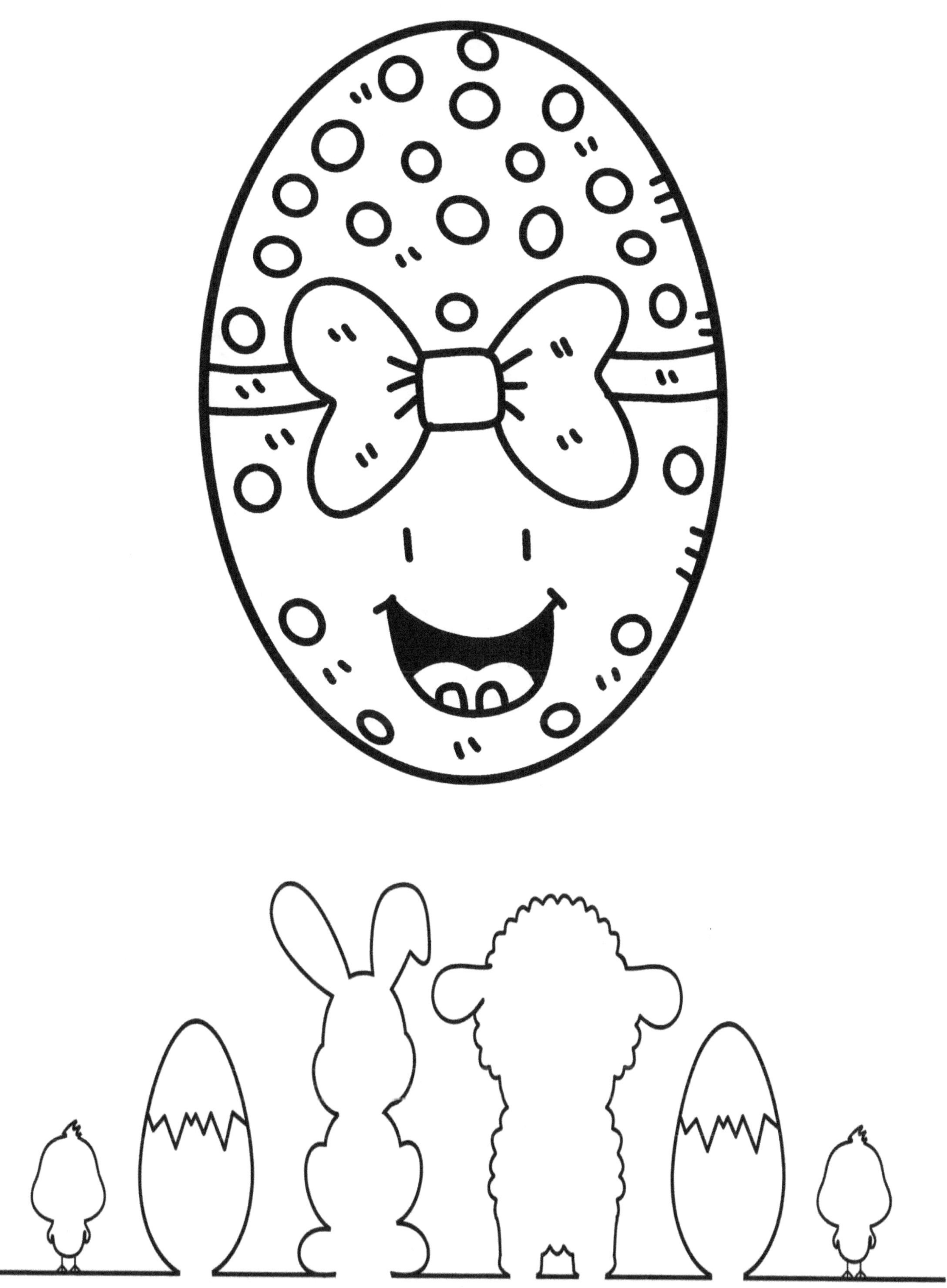

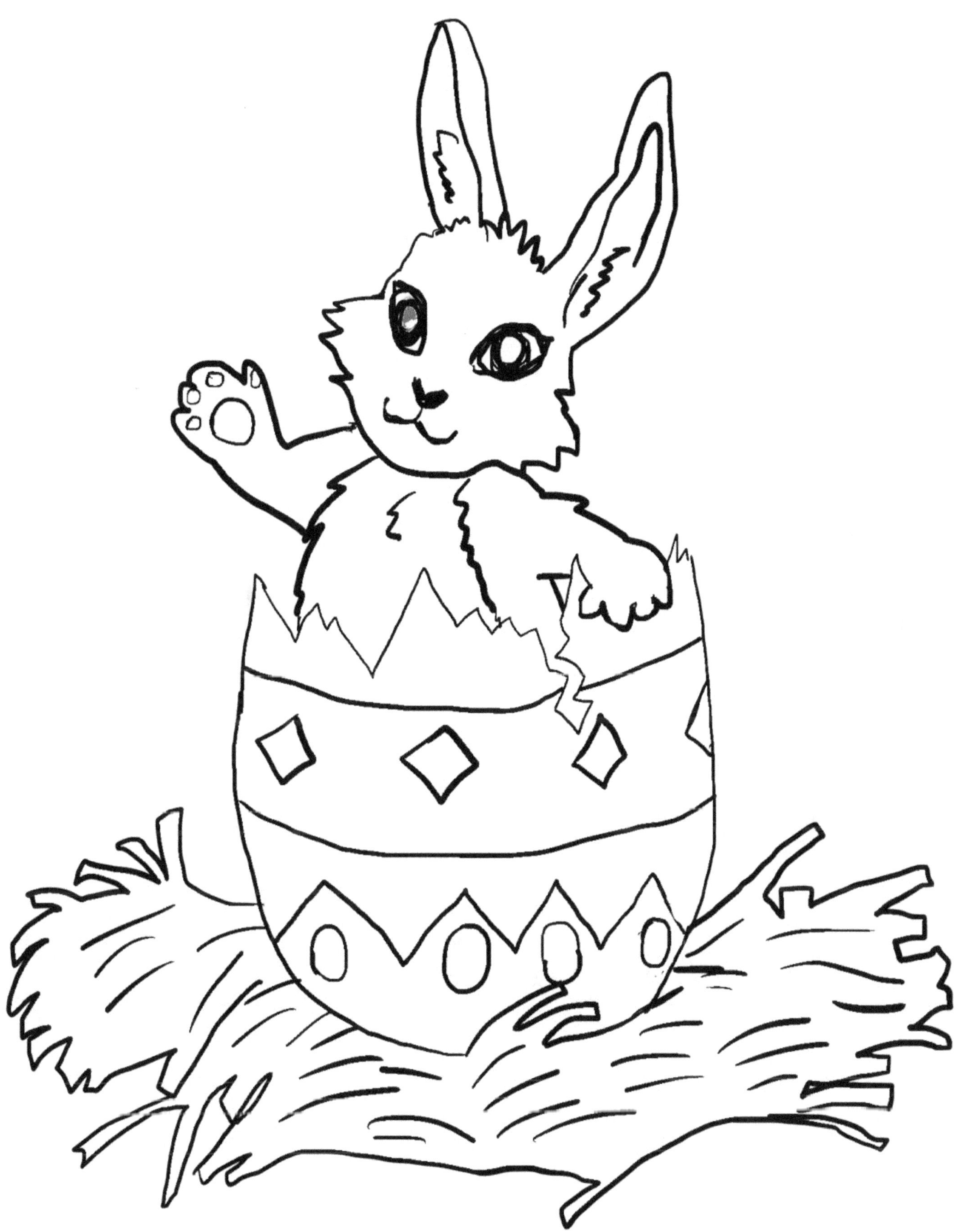

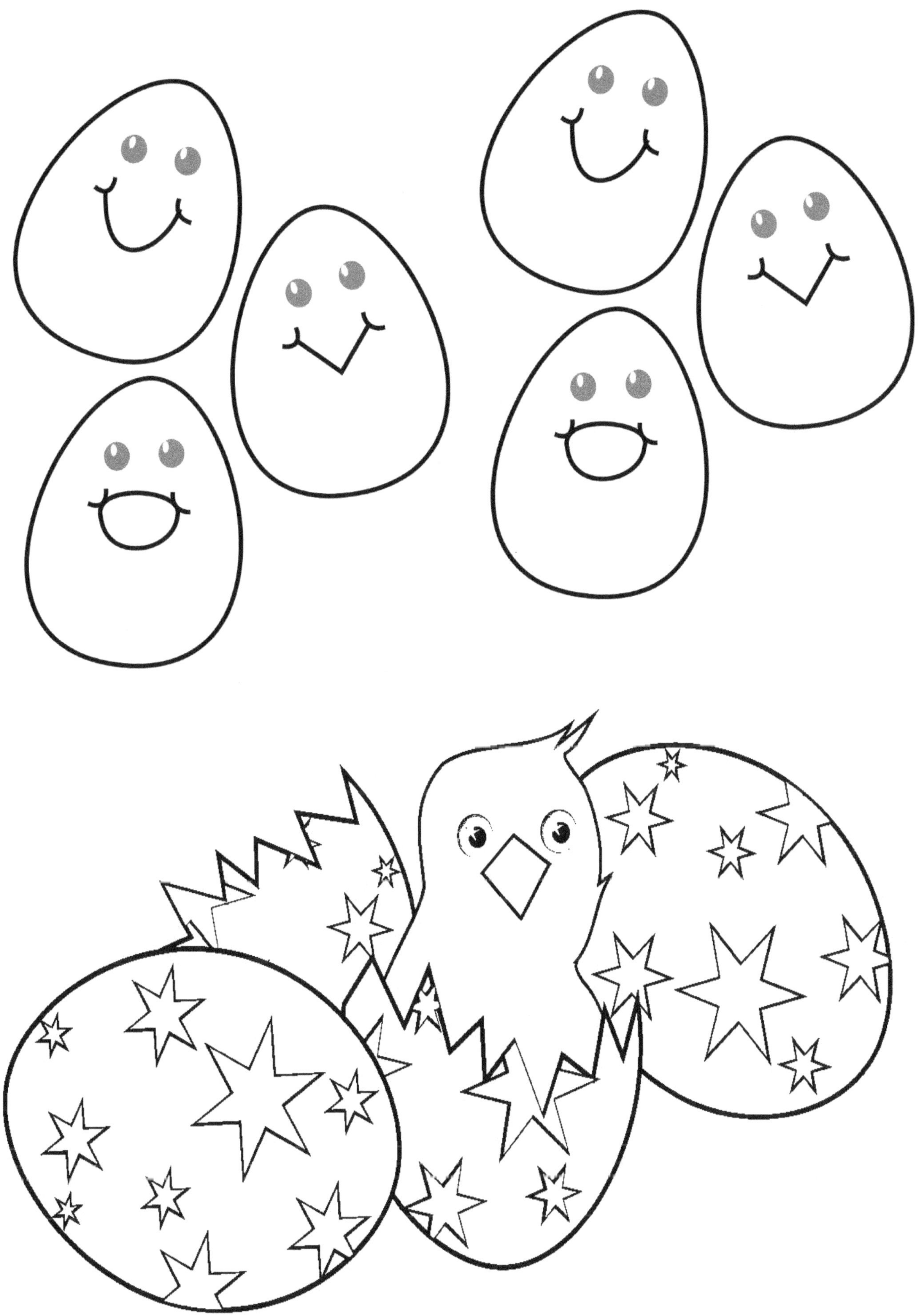

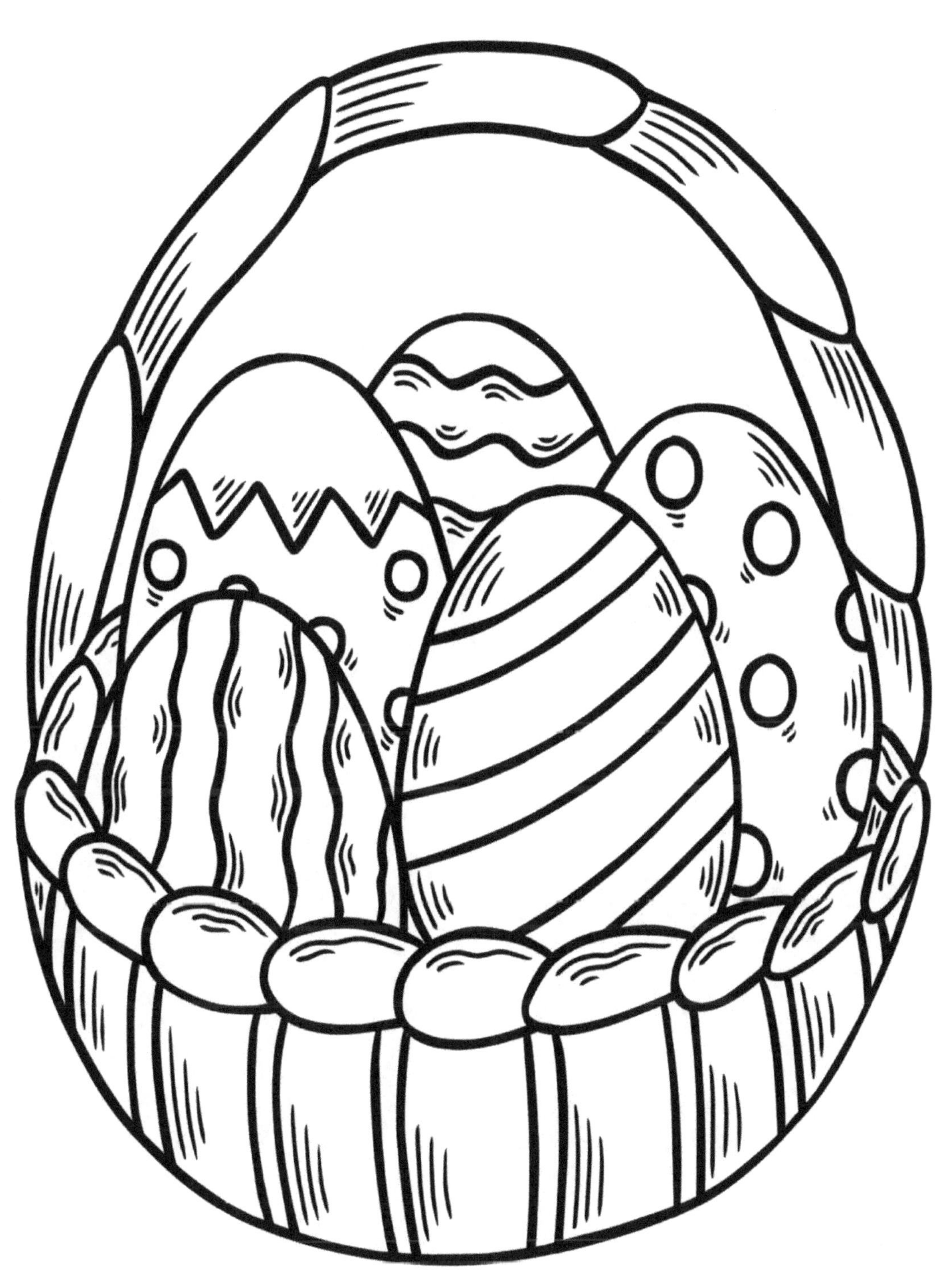

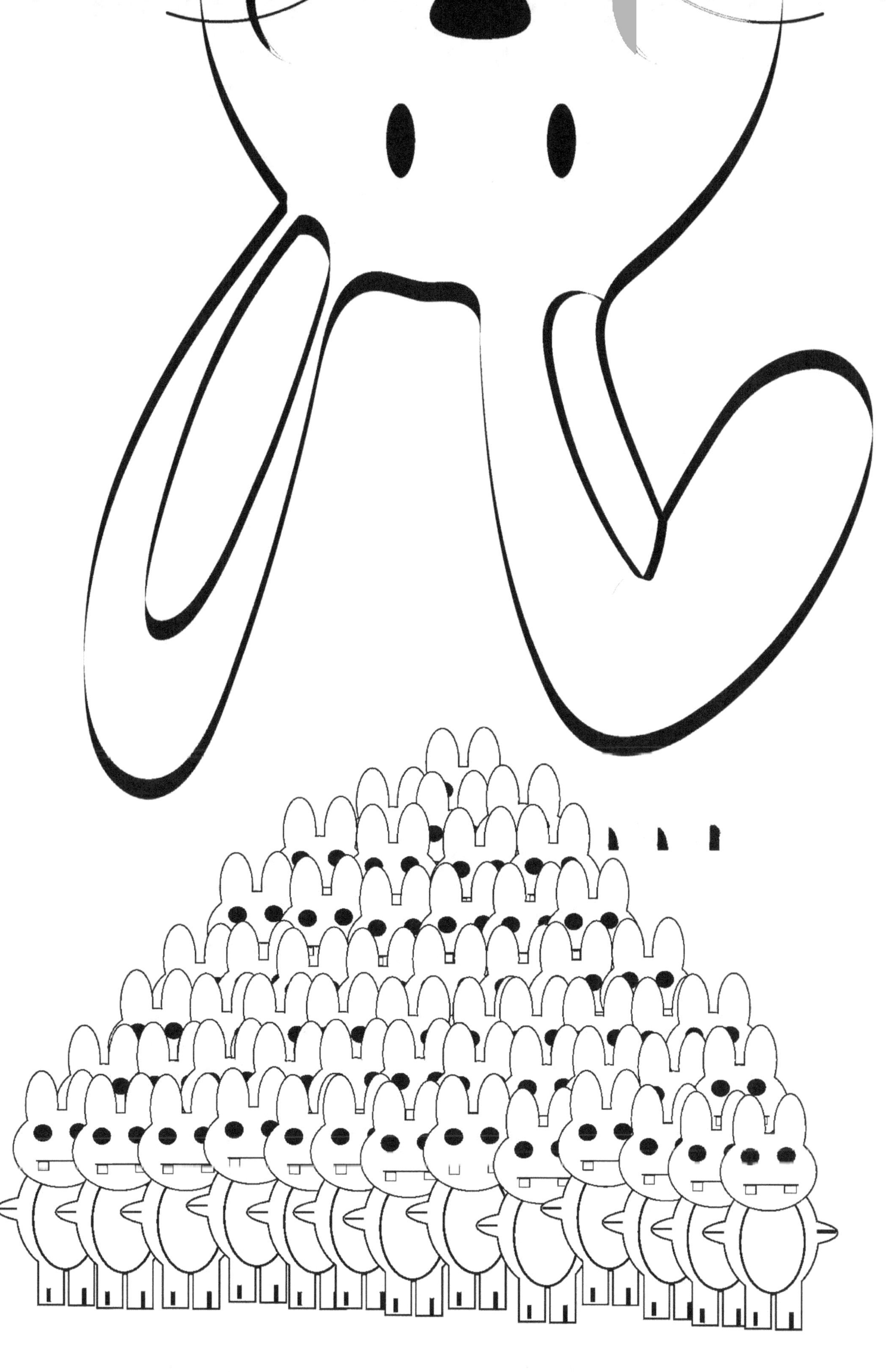

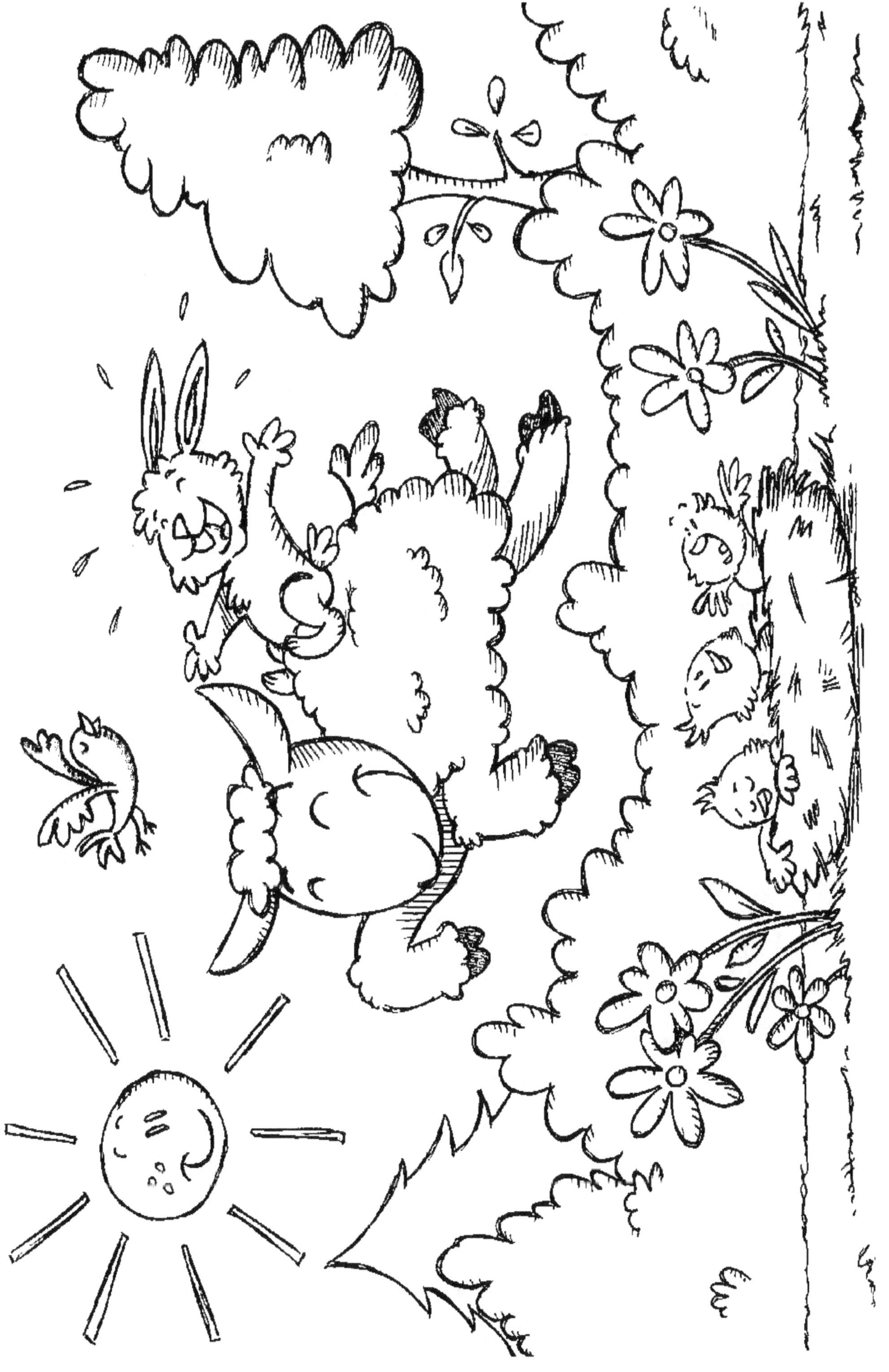